Réussir le DPAS

Diplôme professionnel d'aide-soignant

CHEZ LE MÊME ÉDITEUR

Dans la collection « Guides des Professions de santé » :

SUJETS ET CORRIGÉS DU BEP CARRIÈRES SANITAIRES ET SOCIALES.
1. EXPRESSION FRANÇAISE, par J. GASSIER, J. SOLVIT. 1994, 128 pages.
2. MATHÉMATIQUES-SCIENCES PHYSIQUES, par J. GASSIER, F. MAGÈRE. 1996, 240 pages.
3. SCIENCES ET TECHNOLOGIE (épreuve EP2), par J. GASSIER, F. BOUCHARD. 1996, 264 pages.

SCIENCES ET TECHNIQUES MÉDICO-SOCIALES. Préparation CAP petite enfance-BEP carrières sanitaires et sociales.
TOME 1. BIOLOGIE, NUTRITION, ALIMENTATION, SCIENCES MÉDICO-SOCIALES, par J. GASSIER, M.-J. GEORGIN. 1996, 280 pages, 198 figures.
TOME 2. TECHNOLOGIES ET TECHNIQUES PROFESSIONNELLES, par J. GASSIER, M.-J. GEORGIN. 1995, 216 pages, 271 figures.

ÉPREUVE DE CULTURE GÉNÉRALE. Admission en instituts de formation en soins infirmiers, par J. GASSIER. 1996, 2e édition, 200 pages, 10 tableaux.

RÉUSSIR LE DPAP, DIPLÔME PROFESSIONNEL D'AUXILLIAIRE DE PUÉRICULTURE, par J. GASSIER. 1997, 2e édition, 160 pages.

TESTS PSYCHOTECHNIQUES ET ENTRETIEN. Admission en instituts de formation en soins infirmiers, par J. GASSIER, N. MULLER. 1997, 3e édition, 144 pages.

CONCOURS D'ENTRÉE DANS LES ÉCOLES DE MASSEURS-KINÉSITHÉRAPEUTES, TECHNICIENS DE LABORATOIRE, MANIPULATEURS D'ÉLECTRORADIOLOGIE MÉDICALE.
1. PHYSIQUE, par J. GASSIER, B. LEGROS. 1995, 134 pages.
2. CHIMIE, par J. GASSIER, J.-M. DELAFONTAINE. 1995, 190 pages.
3. BIOLOGIE, par J. GASSIER, A. MAGÈRE. 1997, 2e édition, 176 pages.

CONCOURS D'ENTRÉE DANS LES ÉCOLES DE SAGES-FEMMES, par J. GASSIER, X. de GAULLE, C. CASTEL, A. MAGÈRE, B. LEGROS. 1997, 232 pages.

Dans la collection « AS/AP » (aides-soignants/auxiliaires de puériculture) :

GUIDE POUR L'ENTRÉE DANS LES ÉCOLES AS/AP D'AIDES-SOIGNANTS ET D'AUXILIAIRES DE PUÉRICULTURE.
1. ÉPREUVE ÉCRITE, par J. GASSIER. 1997, 4e édition, 296 pages.
2. ÉPREUVE ORALE, par J. GASSIER. 1997, 280 pages.

GUIDE AS/AP DE L'AIDE-SOIGNANT ET DE L'AUXILIAIRE DE PUÉRICULTURE. Modules identiques de formation 1 à 6, par J. GASSIER et collaborateurs. 1997, 360 pages.

GUIDE AP DE L'AUXILIAIRE DE PUÉRICULTURE. Modules spécifiques 7 à 12, par J. GASSIER et M.-J. GEORGIN. 1996, 480 pages.

GUIDE AS DE L'AIDE-SOIGNANT. Modules spécifiques 7 à 12, par J. GASSIER et J. COGNARD. 1996, 400 pages.

MÉMO AS/AP DE L'AIDE-SOIGNANT ET DE L'AUXILIAIRE DE PUÉRICULTURE. MODULES IDENTIQUES DE FORMATION 1 À 6, par J. GASSIER. 1997, 256 pages.

MÉMO AP DE L'AUXILIAIRE DE PUÉRICULTURE. MODULES SPÉCIFIQUES 7 À 12, par J. GASSIER. 1997, 256 pages.

MÉMO AS DE L'AIDE-SOIGNANT. MODULES SPÉCIFIQUES 7 À 12, par J. GASSIER et J. COGNARD. 1997, 224 pages.

Dans la collection « Cahiers de puériculture » (préparation au diplôme de puéricultrice) :

Cahier 1 à 8.

Guides des professions de santé
sous la direction de Jacqueline Gassier

Réussir le DPAS
Diplôme professionnel d'aide-soignant

J. GASSIER

Professeur de sciences
et techniques médico-sociales

avec la collaboration du

Docteur J.-F. BECKER

Préface de

H. LAFORÊT

MASSON

Paris Milan Barcelone

ISBN : 2-225-85287-1

MASSON S.A. - 120, bd Saint-Germain, 75280 PARIS Cedex 06

Préface

Ce livre s'inscrit dans la collection des « Guides AS/AP » (aides-soignants/auxiliaires de puériculture), dont le but est de faire mieux connaître les modalités des examens qui jalonnent la formation des élèves aides-soignants et auxiliaires de puériculture.

Présenté plus particulièrement comme un livre d'annales, cet ouvrage expose les *sujets et corrigés* de l'épreuve écrite du Diplôme Professionnel d'Aide-Soignant (DPAS) qui octroie la qualification d'aide-soignant. Ces sujets et corrigés ont été remis par les *écoles d'aides-soignants* et par les *DDASS* qui organisent l'examen.

Selon les consignes, ces sujets ont été élaborés d'après des études de situations ou de cas concrets, autour de thèmes sanitaires et sociaux traités dans les *modules de l'enseignement spécifique des aides-soignants.*

Une trés grande variété de *questions* sont soumises aux candidats dans les sujets d'examen. Ils pourront les utiliser pour s'exercer et tester leurs connaissances sur des thèmes aussi divers que : la participation de l'aide-soignant aux soins en médecine et aux urgences en chirurgie et en réanimation, en psychiatrie, en obstétrique, en gynécologie, en gérontologie et en gériatrie.

Ils pourront aussi réfléchir à des questions plus spécifiques, telles que l'approche et l'accompagnement d'une personne en fin de vie.

Les *stages professionnels* devraient nourrir leur expérience et par là leur réflexion et leur analyse de certains thèmes sensibles.

L'auteur de l'ouvrage est professeur de Sciences et Techniques médico-sociales et membre des jurys d'examen. Elle connaît donc bien les modalités de la sélection des professionnels de santé. Son livre aidera les élèves à passer plus facilement le cap de la qualification.

Hélène LAFORÊT

Président-fondateur de l'Association Nationale Française des Aides-Soignants (ANFAS)

Modalités de l'épreuve du Diplôme Professionnel AS[1]

EXTRAITS DE L'ARRÊTÉ DU 22 JUILLET 1994

(publié au *J.O.* du 24.7.94)

Art. 31. — *L'épreuve écrite et anonyme, d'une durée de deux heures, porte sur les modules 7 à 12. Elle comporte six questions et doit permettre d'apprécier les connaissances du candidat, sa faculté de compréhension et de réflexion, et sa capacité à s'exprimer par écrit.* A partir des propositions des équipes enseignantes des écoles, le président du jury choisit le sujet retenu pour l'épreuve.

Cette épreuve est notée sur 30 points. Une note inférieure à 7 sur 30 est éliminatoire.

Une double correction de cette épreuve est assurée par des infirmiers participant à la formation des aides-soignants, justifiant d'un exercice professionnel d'au moins trois ans, de préférence titulaires d'un certificat cadre.

Art. 32. — *L'épreuve de mise en situation professionnelle se déroule au cours d'un des stages spécifiques à la formation des aides-soignants, dans un service où l'élève est en stage depuis au moins une semaine.* La durée de l'épreuve est d'une heure et trente minutes au plus dont 15 minutes de préparation. Le candidat doit participer à la démarche de soins et réaliser un soin auprès d'un patient dans un service d'adultes. L'épreuve doit permettre d'évaluer la capacité relationnelle du candidat et sa dextérité gestuelle.

Cette épreuve est notée sur 30 points répartis de la façon suivante :

- 10 points pour la participation à la démarche de soins;
- 20 points pour la réalisation du soin.

Art. 33. — *La note finale sur 120 est constituée par la somme des cinq notes suivantes :*

1° *Trois notes de contrôle continu :*

- moyenne sur 20 des contrôles des connaissances portant sur l'enseignement théorique prévus à l'article 17 a);
- moyenne sur 20 des mises en situation professionnelle prévues à l'article 17 b);
- moyenne sur 20 des stages.

1. Le DPAS (Diplôme Professionnel d'Aide-Soignants) remplace le CAFAS (Certificat d'Aptitude aux Fonctions d'Aide-Soignant).

2° *Deux notes d'épreuves terminales :*
• note sur 30 de l'épreuve écrite ;
• note sur 30 de la mise en situation professionnelle.

Art. 34. — *Sont déclarés reçus au Diplôme Professionnel d'aide-soignant les candidats ayant obtenu, sans note éliminatoire, un total de points au moins égal à 60 sur 120.* La liste des candidats reçus au Diplôme Professionnel d'aide-soignant est établie par le jury. Celui-ci ne peut ajourner un candidat sans avoir consulté son dossier d'évaluation continue.

Art. 35. — *Une seconde session est organisée, au plus tôt quatre semaines et au plus tard six semaines après la première.* Peuvent s'y présenter :

1° *Les candidats ayant échoué à la première session.*

2° A titre exceptionnel, après accord du directeur départemental des affaires sanitaires et sociales, sur proposition du directeur de l'école, après avis du conseil technique, sur production de pièces justificatives, *les candidats qui, bien que remplissant des conditions définies à l'article 28, n'ont pu, en raison d'un cas de force majeure, participer à la première session.*

3° A titre exceptionnel, après accord du directeur départemental des affaires sanitaires et sociales, sur proposition du directeur de l'école, après avis du conseil technique, *les candidats qui n'ont pu participer à la première session parce qu'ils ne remplissaient pas, pour cause de stages incomplets, les conditions définies à l'article 28 lors de la première session mais qui, à la date de l'organisation de la seconde session, remplissent ces conditions.*

Sommaire

Sujets et corrigés

Régions :

Remerciements

Nous remercions chaleureusement tous les médecins inspecteurs de la santé et les directrices d'écoles qui ont répondu favorablement à notre mailing. Sans leur précieuse collaboration, ces livres ne seraient pas aujourd'hui à la disposition des élèves. Toutefois, nous les prions de bien vouloir comprendre le choix sélectif qui a dû être fait, dans le but de diversifier au maximum les sujets d'examen et de garder au livre un petit format.

Sujets et corrigés

Région : Alsace

Sujets

Sujet 1

Question 1 (5 pts)

Définir les termes suivants : dyspnée - infarctus du myocarde - œdème - coxarthrose bilatérale.

Donnez les termes correspondant aux définitions suivantes :

- Diminution des globules rouges dans le sang
- Déviation latérale du rachis.

Question 2 (5 pts)

Citez dix conseils essentiels d'hygiène de vie à donner à une femme enceinte.

Question 3 (5 pts)

Définir : sida.

Définir : séropositivité.

Citez les principaux modes de contamination par le VIH.

Question 4 (5 pts)

M. Z., 80 ans, veuf et vivant seul, est admis ce jour le 21 novembre 1995 dans le service de chirurgie où vous travaillez, porteur d'un plâtre brachio-antébrachial (ou plâtre brachial), suite à une chute à son domicile ayant entraîné une fracture des deux os de l'avant-bras (fracture réduite sous anesthésie générale, le 19 novembre 1995).

Ce jour, M. Z. semble déprimé et souffre de désorientation temporo-spatiale. Il refuse de se lever de peur de tomber.

4.1. Quelles sont vos actions et les éléments de surveillance en rapport avec le plâtre de M. Z.?

4.2. Citez les différents types de complications liées à un alitement prolongé.

Question 5 (5 pts)

Quelles vont être vos actions face au comportement de M. Z.?

Question 6 (5 pts)

Annotez le schéma du membre supérieur (p. 4). Vous reporterez les 10 numéros avec les 10 réponses sur votre copie.

Squelette du membre supérieur

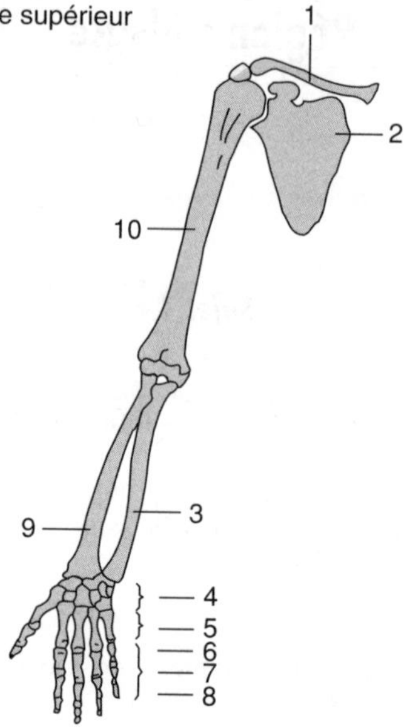

Sujet 2

M. Georges, 50 ans, 84 kg est entré dans le service de médecine il y a 2 jours pour infarctus du myocarde.

Il est sous surveillance « monitoring ». Il reçoit par perfusion, au bras droit, des anticoagulants.

M. Georges a été mis au repos strict au lit et au régime sans sel et sans graisse.

Les paramètres suivants :

- pulsations
- tension artérielle
- température
- diurèse

sont relevés régulièrement.

Lors d'une visite de sa femme, vous apprenez que M. Georges aime se promener en campagne. Toutefois, il a peu de temps car il est chef d'entreprise. Il fait sa comptabilité le samedi et quelquefois le dimanche à la maison. Son hospitalisation l'inquiète pour la continuité de son travail.

Il a l'habitude de fumer un paquet de cigarettes par jour.

Depuis 5 ans, il est suivi par son médecin traitant pour une augmentation du cholestérol et des triglycérides et a une tension artérielle souvent voisine de 17/10 mmHg.

Il prend ses repas le midi au restaurant avec ses collègues.

Question 1 (7,5 pts)

1.1. Annotez ce schéma de la circulation sanguine

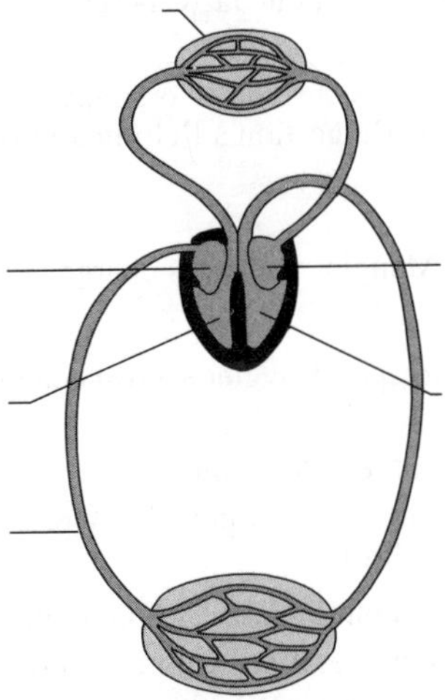

1.2. Quels sont chez cette personne les facteurs prédisposant à l'infarctus du myocarde?

1.3. Citez 5 aliments interdits dans le régime sans sel.

1.4. M. Georges a un bocal pour recueillir les urines de 24 heures. Vous devez relever les urines ce matin à 8 heures pour les porter au laboratoire.

Comment procédez-vous?

Question 2 (10 pts)

Citez les besoins de M. Georges qui sont perturbés actuellement et ceux qui risquent de l'être.

Énumérez les actions pour y répondre en les justifiant.

Rédigez votre réponse sous forme de tableau.

Question 3 (7,5 pts)

Mme Mangin, 40 ans, est hospitalisée pour des troubles digestifs : anorexie, nausées, diarrhée.

L'examen des selles a révélé une infection intestinale. Elle est perfusée au bras gauche.

Durant la première journée d'hospitalisation, Mme Mangin vomit lorsque vous êtes auprès d'elle.

3.1. Que faites-vous? Quelles transmissions réalisez-vous?

3.2. Quelle surveillance effectuez-vous concernant la perfusion?

3.3. Donnez le mot exact correspondant aux définitions : difficulté à avaler - inflammation de l'estomac - émission par voie rectale de sang «digéré» - examen des selles pour la recherche de germes - émission par voie rectale de sang rouge.

3.4. Citez dans l'ordre les différents organes de l'appareil digestif que traversent les aliments (de l'ingestion à l'élimination).

Question 4 (3 pts)

A la sortie de Mme Mangin, vous êtes chargée de la remise en état de la chambre.

4.1. Quels sont les principes d'hygiène à respecter concernant :
- le linge du lit
- le mobilier de la chambre et les sanitaires
- les accessoires (bassin, haricot, potence à perfusion, cuvette, bocal à urine, poubelle de chambre)?

4.2. Vous avez le choix pour la désinfection du mobilier entre :
- un détergent (type Cristal) et d'un désinfectant (eau de Javel en berlingot)
- un détergent désinfectant type DS 2001.

Choisissez une des 2 méthodes et expliquer le principe d'action.

Question 5 (2 pts)

En rassemblant le linge, vous vous piquez le doigt par une aiguille souillée. Quelle sera votre attitude? Justifiez votre réponse.

Sujet 3

Question 1 (6 pts)

Vous travaillez dans un service de médecine ce jour 21 septembre de 13 heures à 21 heures. Vous prenez en charge plus particulièrement 2 malades.

M. Dupont, 75 ans, est célibataire et fumeur. Il est hospitalisé depuis le 14 septembre pour un problème d'infection pulmonaire sur terrain d'insuffisance respiratoire. Il est sous oxygénothérapie en continu par l'intermédiaire de lunettes à un débit de 1,5 litre par minute. Il présente une légère cyanose et une dyspnée importante. Les expectorations sont abondantes et muco-purulentes.

Ce patient, très fatigué, est levé au fauteuil une heure le matin et une heure l'après-midi, moment où il prend un demi-bol de café au lait et 2 biscottes beurrées pour goûter.

Au vu de ces éléments et de la feuille de température remplie, répondez aux questions suivantes :

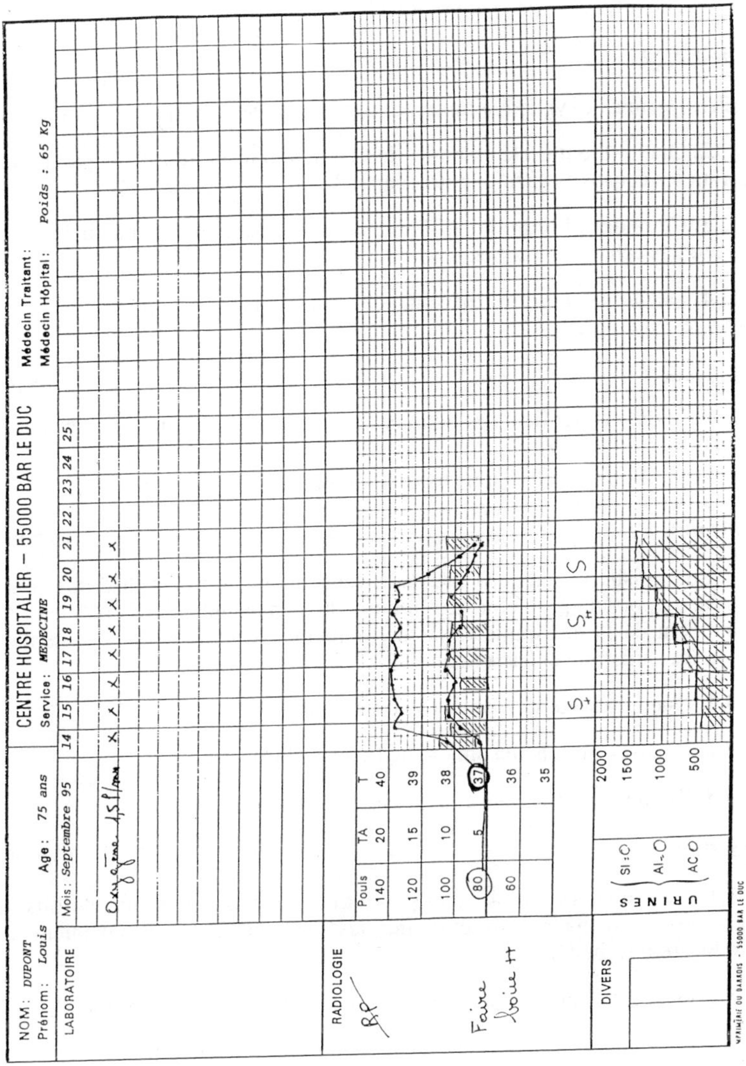

La feuille de température de M. Dupont

1.1. Décrivez l'évolution de l'état de M. Dupont depuis son entrée jusqu'à ce jour en analysant les paramètres relevés.

1.2. Comment peut-on qualifier la fièvre de M. Dupont du 14 au 19 septembre.

1.3. A quelle date est-il apyrétique?

Question 2 (4 pts)

2.1. Définir : oxygénothérapie - dyspnée - cyanose - expectoration.

2.2. Quel est le muscle essentiel de la fonction respiratoire? A quel niveau se font les échanges gazeux pulmonaires?

2.3. Citez dans l'ordre les différents organes parcourus par l'air jusqu'au niveau des échanges gazeux.

2.4. Quelle sera votre surveillance auprès de M. Dupont concernant l'oxygénothérapie?

Question 3 (6,5 pts)

Énumérez et justifiez vos actions auprès de M. Dupont pour cet après-midi.

Rédigez votre réponse sous forme de tableau.

Question 4 (3,5 pts)

Son voisin de chambre, M. Paul, veuf, 82 ans, est porteur d'une sonde urinaire pour un problème de rétention dû à un adénome de la prostate. Au moment de la distribution des thermomètres, vous le trouvez assis dans son fauteuil, pâle et frissonnant.

4.1. Que faites-vous? Justifiez votre réponse.

4.2. Réalisez un schéma annoté de l'appareil urinaire.

4.3. Donnez la différence entre anurie et rétention.

Question 5 (6,5 pts)

5.1. La température d'un sujet peut être évaluée à différents endroits du corps. Pouvez-vous les citer et donner les avantages et les inconvénients de ces différentes méthodes?

5.2. Quel est votre rôle dans la surveillance de la sonde de M. Paul?

5.3. Le sondage vésical est l'une des sources d'infection nosocomiale.

Qu'est-ce qu'une infection nosocomiale?

Citez 4 modes de transmission des germes.

Le port de gants : quelles sont les principes d'une bonne utilisation?

Question 6 (3,5 pts)

6.1. M. Paul demande à voir son dossier médical.
Que lui répondez-vous? Pourquoi?

6.2. La sortie de M. Paul est prévue prochainement.
Quelles sont les différentes possibilités que l'on peut envisager pour sa sortie?
Argumentez.

Corrigés

Sujet 1

Question 1

Dyspnée : difficulté à respirer ou modification anormale du rythme et de l'amplitude de la respiration.

Infarctus du myocarde : ischémie : obstruction d'un ou plusieurs vaisseaux coronariens par un caillot sanguin ou une plaque d'athérome.

Œdème : rétention liquidienne anormale dans les tissus de l'organisme, ici chevilles enflées où le signe du godet apparaît à la pression.

Coxarthrose bilatérale : arthrose des deux têtes fémorales et des cotyles; ou maladie articulaire chronique aggravée par les efforts et la contrainte; ou altération des cartilages articulaires des deux hanches.

Diminution des globules rouges dans le sang : anémie.

Déviation latérale du rachis : scoliose.

Question 2

Conseils d'hygiène de vie à donner à une femme enceinte :

- se rendre aux visites médicales obligatoires et si besoin consulter entretemps son médecin
- consulter le chirurgien-dentiste très régulièrement
- ne pas prendre de médicaments sans avis médical
- faire de la marche à pied au grand air
- éviter les exercices violents
- mener une vie régulière, si possible
- dormir un nombre d'heures suffisant
- pratiquer une hygiène corporelle de qualité (pas de bains trop chauds, etc.)
- porter des vêtements souples, confortables
- ne pas porter de chaussures à talons trop hauts

• évitez les stations debout prolongées
• dormir les pieds du lit surélevés pour favoriser le retour veineux
• une alimentation équilibrée est nécessaire, riche en calcium; les repas doivent être suffisants et pas de suralimentation
• éviter les constipations
• éviter les excitants : tabac, alcool, café, épices
• éviter de porter des charges trop lourdes.

Question 3

Sida : syndrome d'immunodéficience acquise.

Séropositivité : une personne séropositive est porteuse du VIH, peut transmettre le VIH, n'a pas de signe de maladie.

Principaux modes de contamination par le VIH :

• voie sanguine
• voie sexuelle
• voie fœto-maternelle.

Question 4

4.1. *Actions et éléments de surveillance du plâtre de M. Z. :*

• Surveillance locale :
  – préciser si le plâtre est tâché : signe d'escarres
  – dépister une mauvaise odeur du plâtre
  – vérifier que les doigts soient : chauds, roses, mobiles, sensibles
  – dépister d'éventuelles anomalies : fourmillements, douleurs, doigts œdématiés, violacés.
• Surveillance générale :
  – vérifier que le membre supérieur reste surélevé à l'aide d'un oreiller et que l'aisselle n'est pas irritée par les frottements du plâtre
  – aider M. Z. dans l'accomplissement de ses besoins journaliers pour :
    · être propre et soigner ses téguments
    · boire et manger
    · éliminer
    · se mouvoir…
• Transmettre oralement à l'IDE et transmettre par écrit dans le dossier de soins les diverses observations de l'aide-soignant(e).

4.2. *Différents types de complications liées à un alitement prolongé :*

• complications circulatoires : stases veineuses, thrombophlébite, embolie
• complications ostéo-articulaires : positions vicieuses : équinisme, ankylose, fonte musculaire
• complications respiratoires : encombrement bronchique, infections
• complications urinaires : stase, infections
• complications intestinales : constipation
• complications cutanées : escarres.

Question 5

Actions face au comportement de M. Z. :

- établir une relation de confiance avec M. Z., lui parler, le rassurer
- être à l'écoute de ses plaintes
- l'encourager lors des actions de soins, être patient avec M. Z., le stimuler pour maintenir un maximum d'autonomie, en lui expliquant le pourquoi des soins et la nécessité de se lever
- lui donner souvent des repères dans le temps et dans l'espace
- lui proposer des activités occupationnelles et favoriser les visites
- transmettre les observations à l'IDE et dans les dossiers de soins.

Question 6

Annotation du schéma du squelette du membre supérieur (p. 4).

1. clavicule
2. omoplate
3. cubitus
4. carpe
5. métacarpe
6. phalange
7. phalangine
8. phalangette
9. radius
10. humérus

Sujet 2

Question 1

1.1. *Annotation du schéma.*

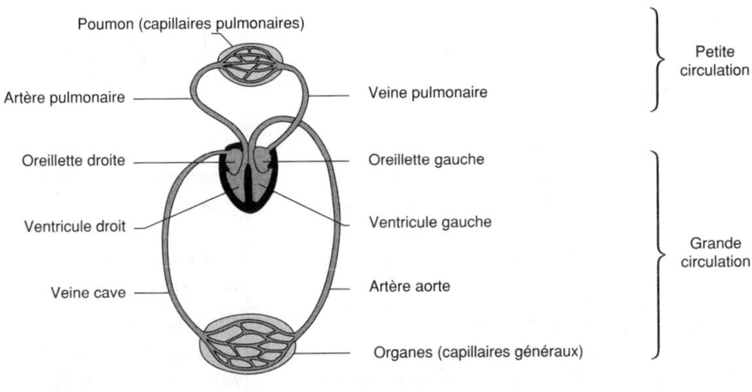

Schéma de la circulation sanguine

1.2. *Facteurs prédisposant à l'infarctus du myocarde :*

- poids = 84 kg - obésité
- tabac = 1 paquet/jour
- augmentation cholestérol, triglycérides

- repas restaurant
- HTA
- stress = anxiété = chef d'entreprise.

1.3. *Aliments interdits dans le régime sans sel :*

- pain, biscottes normales
- sel de cuisine dans aliments
- conserves de poisson, viande
- charcuterie, poissons fumés
- plats cuisinés, industriels (potages prêts à l'emploi)
- fromages, chips, moutarde, beurre salé.

1.4. *Pour relever les urines :*

- Demander à M. Georges si envie d'uriner.
- A 8 heures :
  – mettre les urines dans bocal étiqueté au nom de M. Georges où les urines sont recueillies depuis la veille 8 heures
  – relever quantité (diurèse) sur feuille de soins
  – remettre bocal propre, gradué
  – apporter au labo avec bon complet (identité, service, examen)
  – transmissions IDE (quantité - couleur).

Question 2

Les besoins perturbés et ceux qui risquent de l'être.

Besoins perturbés	*Actions*	*Justifications*
Boire et manger	Installation confortable Présentation plateau Respect goûts Respect régime : à vérifier Relation - éducation sur ce qu'il peut manger (visites) Transmissions fiche surveillance	Prescription sans sel et sans graisse Évaluer quantité - qualité nutrition - appétit malade
Être propre, soigné et protéger ses téguments	Toilette au lit Respect pudeur Respect autonomie et matériel personne malade Demander aide si nécessaire Prévention escarres : vérifier les points d'appui et massages trophiques Changer chaque jour chemise et plus si nécessaire	Éviter tout effort → repos strict au lit Minimale : monitoring, perfusion Éviter fatigue, douleur Éviter apparition rougeurs Perfusion, monitoring

Besoins perturbés	*Actions*	*Justifications*
Se mouvoir et maintenir une bonne posture	Assurer une bonne installation (légèrement assis) Vérifier efficacité perfusion	Repos strict au lit Confort Maintenir bras dans bonne position

Besoins risquant d'être perturbés	*Actions*	*Justifications*
Éliminer	Mettre urinal et sonnette à sa disposition Répondre rapidement, mettre bassin sans créer d'inconfort Surveiller transit Relever diurèse Surveiller aspect urines (odeur, couleur) Si transpiration excessive soins hygiène et confort	Éviter effort et constipation due à l'alitement Sur PM Diminuer inconfort Éviter déshydratation
Éviter les dangers	Satisfaire ses besoins par des interventions appropriées et le sécuriser Surveiller respiration (encombrement) Surveiller risque hémorragique Surveiller perfusion Surveiller et noter les paramètres Surveiller faciès et comportement Créer une atmosphère calme	Tenir compte de son état et évolution infarctus Fumeur alité Traitement anticoagulant Signaler toute anomalie à l'IDE Suivre évolution état Détecter toute complication Confort, repos
Besoins psychologiques	Lui permettre d'exprimer ses besoins, être à l'écoute Faire participer aux soins en limitant efforts Favoriser les visites, distraction Transmettre tout changement au niveau de son humeur	Diminuer anxiété Repos strict Transmissions

Question 3

3.1. *Actions :*

- Pendant le vomissement :
  - soutenir le malade
  - observation des caractères des vomissements :
    - aspects : aqueux, alimentaire, bilieux, fécaloïde, hémorragique hématémèse
    - quantité : en haricot, cuvette.

- Après le vomissement :
  - vider ou non la cuvette (si le vomissement est gardé pour le montrer, couvrir la cuvette et la mettre dans le cabinet de toilette du malade)
  - lui faire rincer la bouche
  - elle se lavera le visage et les mains
  - aérer ou désodoriser la chambre
  - laisser à portée de main une cuvette propre, des mouchoirs ou serviette
  - vérifier sa perfusion et le point de ponction
  - lui poser des questions sur les signes ou événements importants de sa journée ; exemple :
    - prise ou non de repas
    - appétit, sensation de malaise
    - signes associés : nausées, douleurs abdominales, gastriques, céphalée s(vomissements en jet).
- Réaliser des transmissions significatives écrites et orales à l'IDE.

3.2. *Surveillance de la perfusion :*

- Vérifier la perfusion elle-même :
  - bulles qui remontent dans le flacon au fur et à mesure que le liquide s'écoule
  - la chambre compte-gouttes doit être remplie à moitié et on doit voir les gouttes y tomber régulièrement selon le rythme réglé par l'IDE
  - si le débit se ralentit ou s'arrête, vérifier que la tubulure n'est pas coudée ou écrasée par le bras, un oreiller
  - quand le flacon est presque vide, prévenir IDE ou demander au malade de sonner.
- Surveillance locale :
  - observer la couleur et l'aspect du bras : s'il est rouge ou gonflé autour du point d'injection, prévenir l'IDE. Le membre perfusé doit être bien maintenu. Il n'est pas douloureux et ne présente pas d'œdème
  - vérifier :
    - qu'il n'y a pas de reflux de sang dans la tubulure
    - que le patient ne porte pas de vêtements qui serrent le bras
  - voir état du pansement : taché ou décollé → risque d'infection.
- Surveillance générale :
  - une sensation d'angoisse, une gêne respiratoire, une accélération du pouls, des frissons, des sueurs, une hyperthermie doivent être immédiatement signalés à l'IDE
  - observer le malade et être à l'écoute
  - privilégier le confort
  - réaliser des transmissions orales et écrites à l'IDE.

3.3. *Définitions*

Difficulté à avaler : dysphagie.
Inflammation de l'estomac : gastrite.
Émission par voie rectale de sang « digéré » : mélæna.

Examen des selles pour la recherche de germes : coproculture.
Émission par voie rectale de sang rouge : rectorragie.

3.4. *Les différents organes de l'appareil digestif que traversent les aliments (de l'ingestion à l'élimination) :*

- la bouche
- le pharynx
- l'œsophage
- l'estomac
- le duodénum
- l'intestin grêle :
  - jéjunum
  - iléon
- le côlon ou gros intestin :
  - cæcum
  - côlon ascendant
  - côlon transverse
  - côlon gauche descendant
  - sigmoïde
  - rectum.

Question 4

4.1. *Principes d'hygiène à respecter :*

- Le linge :
  - tout le linge doit être emballé pour sortir de la chambre
  - envoyer buanderie selon protocole de l'établissement
  - limiter manipulation, tri afin d'éviter l'aérocontamination (infection intestinale)
  - le linge souillé ne doit pas être mis en contact avec le linge propre (respect circuits)
  - ne pas poser au sol ni contre soi.
- Le mobilier de la chambre et les sanitaires :
  - selon protocole en cours
  - nettoyage - désinfection en allant du plus propre au plus sale
  - désinfection de contact avec le mobilier et des éléments sanitaires (lavabo-glace-toilette).
    Principe : le matériel sale ne doit jamais être mis au contact du matériel propre pour limiter risque infectieux (contact et aérocontamination).
- Les accessoires : décontaminés avant de sortir de la chambre pour éviter la propagation des germes :
  - bassin : décontaminé dans la chambre puis cycle normal
  - haricot : nettoyage
  - cuvette : désinfection
  - bocal à urines : office et/ou lave-bassin ou stérilisation centrale

– potence à perfusion : sera traitée comme le mobilier si reste dans la chambre
– poubelle de chambre : les déchets seront sortis dans un sac-poubelle fermé et circuit normal incinérateur (déchets hospitaliers).

4.2. *La désinfection :*

• Un détergent (type Cristal) et un désinfectant (eau de Javel en berlingot) :
– détergent dans eau tiède pour éliminer les salissures
– la mise en état de propreté constitue la 1re phase de la désinfection
– rinçage à l'eau claire
– désinfection par eau de Javel diluée : 1 berlingot dans 1 bouteille non alimentaire d'1 litre en complétant avec de l'eau → 1 verre de 20 cl dans un seau de 10 l.

• Un détergent désinfectant type DS 2001 : nettoie et désinfecte en 1 seule opération → gain de temps → 1 seul passage de la chiffonnette. Il convient de respecter des consignes : dilution, eau froide, temps de contact, ne pas rincer, laisser sécher.

Question 5

• Nettoyer la plaie avec eau et savon et appliquer un antiseptique car risque de contamination sanguine (hépatites, sida…).
• Déclarations d'accident de travail :
– à l'administration
– à la médecine du travail : sérologie.

Sujet 3

Question 1

1.1. *Évolution de M. Dupont de l'entrée à ce jour :*

• Température :
– entrée à 38° le matin / 39,8° le soir } hyperthermie
– 6 jours hyperthermie, car température du sujet en temps normal doit être de 39°
– à partir du 20 : température diminue - à partir du 21 : température quasi normale.

• Pulsations : la courbe suit celle de la température :
– du 14 au 19 : pulsations 100 à 108 → tachycardie (accélération du rythme cardiaque)
– chiffres normaux : 70-80 chez adulte et PA.

• Urines : oligurie le 15 → 400 cc. Puis augmente régulièrement pour arriver à 1,4 l chez l'adulte : normalement comprise entre 1 200 et 1 800 ml.

• Tension :
– basse = hypotension

– chiffres normaux = 16/8 chez PA
– TA augmente avec l'âge.
• Selles :
– le 15 - le 18 - le 20
– tendance à la constipation
– voir habitudes domicile et alimentation.
• Poids :
– 65 kg - semble normal avec l'âge
– pas d'indication de taille.

1.2. *La fièvre de M. Dupont du 14 au 19 septembre :* une fièvre en plateau.

1.3. Il est apyrétique ce jour, 21 septembre.

Question 2

2.1. *Définitions*

Oxygénothérapie : traitement par l'oxygène.

Dyspnée : difficulté à respirer.

Cyanose : coloration bleutée de la peau (extrémités, ongles, lobes de l'oreille et lèvres).

Expectoration : crachats ou rejet par la bouche des sécrétions des voies respiratoires.

2.2. Le muscle essentiel de la fonction respiratoire est le diaphragme.

Les échanges gazeux pulmonaires se font au niveau des alvéoles pulmonaires ; le sang est appauvri en gaz carboniques (déchet) et enrichi en oxygène. Cet échange a lieu au niveau de la membrane alvéolaire.

2.3. *Différents organes parcourus par l'air jusqu'au niveau des échanges gazeux :*

• les voies aériennes supérieures :
– les fosses nasales
– le pharynx
– le larynx
• la trachée
• les bronches : 2 bronches D et G qui pénètrent dans les poumons ; se ramifient en rameaux de plus en plus petits, les bronchioles
• les bronchioles : se terminant par des petits sacs, les acinis
• l'acini : chaque base de l'acini constitue une alvéole pulmonaire
• l'alvéole pulmonaire.

2.4. *Surveillance de M. Dupont concernant l'oxygénothérapie :*

• Surveiller état général de M. Dupont :
– agitation ? fatigue ? angoisse ?
– couleur des extrémités

– étude de la respiration (amplitude, rythme)
– position assise, demi-assise dans le lit.

• Surveiller le débit (ne jamais l'augmenter ou le diminuer sans l'avis de l'IDE).

• S'assurer du bon fonctionnement du matériel :
– prise murale O_2
– tuyaux - manomètre - lunettes adaptées patient
– barboteur rempli d'eau (doit buller)
– ne pas utiliser graisse - éther - alcool au niveau prise O_2 et manomètre
– fumeur (enlever cigarettes, allumettes, briquet).

• Transmissions IDE.

Question 3

Besoins	*Actions*	*Justifications*
Respirer	Surveiller : O_2 - débit - cyanose - et éléments réponse : 1.2.4 Surveiller les crachats Évaluer quantité, couleur, odeur, apsect Noter sur dossier Inciter à tousser, cracher Changer crachoir Mettre à disposition mouchoirs, sac-poubelle Position demi-assise Aération chambre	Insuffisant respiratoire Infection pulmonaire Jusque là expectoration abondantes et muco-purulentes Éviter stase des sécrétions Hygiène Faciliter respiration Renouveler l'air
Se mouvoir et maintenir une bonne posture	Mettre au fauteuil (1 h) Installation confortable lit et fauteuil (oreillers, coussins) Mettre barrières s'il le désire	PM Éviter complications de décubitus Lutter contre les mauvaises postures
Boire et manger	Lui donner sa collation l'après-midi Surveiller prise alimentaire le soir (feuille) Proposer à boire régulièrement L'installer confortablement et l'aider (viande à couper...)	Fatigué - insuffisant respiratoire Hyperthermie - éviter déshydratation et dénutrition
Éliminer	Mettre urinal et sonnette portée de main Le viser dans le bocal	Au lit, ne peut se déplacer-fatigué ++ Diurèse

Besoins	*Actions*	*Justifications*
Éliminer	Observation des urines (volume, couleur, odeur) Selles : surveiller le transit et proposer bassin (sur le fauteuil) Surveiller si transpiration Effectuer les soins d'hygiène nécessaire (change chemise, alèse…)	Détecter infection urinaire Éviter formation fécalome Position physiologique car perte d'eau, température élevée les jours précédents
Maintenir la température du corps dans les limites de la normale	Prendre la température vers 16 h Le vêtir et dévêtir en fonction de la température de l'environnement	Surveiller évolution courbe température et infection pulmonaire Aide car fatigué
Être propre, soigné et protéger ses téguments	Soins de bouche si nécessaire Surveiller état cutané Massage points d'appui Changer chemises, alèses avant nuit et + si nécessaire	Tousse, crache Hygiène et bien-être Éviter escarres Assurer confort
Dormir et se reposer	Faciliter repos	Fatigue ++
Besoins psychologiques	Communication, loisirs, écoute Faire verbaliser angoisse, questions Favoriser échanges avec voisins, visite	Importance de la communication Anxiété de l'insuffisant respiratoire

Question 4

4.1. *Actions :*

• Je le recouche ou j'appelle de l'aide pour le remettre dans son lit.

• Je lui parle, le questionne sur le début des frissons, son ressenti.

• Je lui prends sa température, au niveau rectal, méthode plus fiable (alité). Prise pulsations.

• Je mets une couverture supplémentaire s'il a toujours l'impression de froid (frissons).

• Sécurité : barrières - sonnette.

• Observation - écoute : faciès - comportement - état de conscience.

• J'appelle l'IDE et lui fais part de mes observations et résultats des paramètres (température, pouls).

• Transmissions écrites dossier.

4.2. *Annotation du schéma*

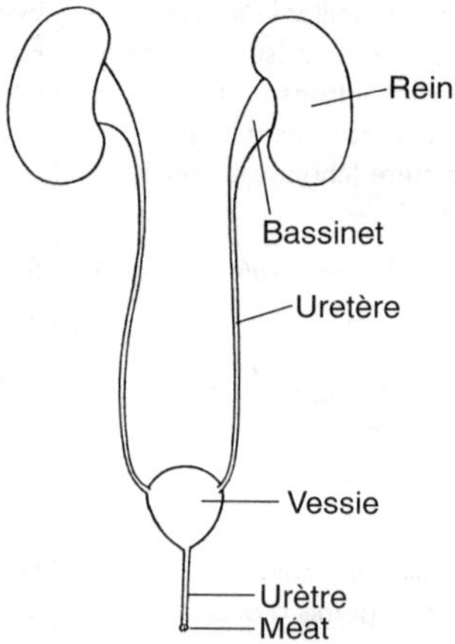

Schéma d'ensemble de l'appareil urinaire

4.3. *Différence entre anurie et rétention :*

• anurie :

– absence d'excrétion urinaire

– anomalie au niveau du rein

– pas d'urine dans la vessie

• rétention : absence de miction, bien que la vessie soit pleine, due le plus souvent à un obstacle (adénome, tumeur).

Question 5

5.1. La température périphérique peut être prise par voie buccale, rectale ou axillaire :

• voie buccale : à proscrire chez l'enfant, le malade comateux ou confus ou ulcérations, pathologie bouche (> de 2/10 par rapport à la normale)

• voie axillaire : creux de l'aisselle - transpiration (< 5/10)

• voie vaginale : plus exceptionnelle. Grande précaution dans la manipulation du thermomètre

• voie rectale : la plus utilisée, plus fiable

• Autres : auriculaires - frontale…

Quel que soit le mode choisi, autre que rectal, il faut l'indiquer clairement sur la feuille de température plutôt que d'ajouter quelques dixièmes aux chiffres lus.

5.2. *Surveillance de la sonde de M. Paul*
Lavage de mains avant toute manipulation.

- Matin :
  - petite toilette quotidienne + toilette minutieuse du méat urétral (+ toilette stérile selon protocole service)
  - après séchage, bien recalotter
  - nettoyer sonde dans toute sa partie externe si besoin
  - surveiller position sonde afin d'éviter un escarre au niveau de la muqueuse urétrale ou au niveau de la cuisse
  - signaler la présence de tout écoulement anormal, observé au niveau du méat
  - changer le sac à urines en prenant toutes les précautions nécessaires :
    - protéger le raccord (SU → sac) avec une compresse imbibée d'alcool iodé)
    - clamper la sonde
  - penser à garder les urines - noter quantité diurèse
  - observer la couleur, l'aspect de ces urines
  - faire les transmissions.
- Au cours de la journée :
  - vider le sac à urines régulièrement, en désinfectant le robinet de vidange
  - ne jamais poser le sac au sol, l'attacher à la barre inférieure du lit
  - le maintenir en dessous du niveau de la vessie pour éviter tout reflux
  - ne pas tirer sur la sonde lors des changements de position
  - vérifier que :
    - le raccord sac-sonde soit toujours correct
    - le tuyau ne soit pas plié, coudé
    - l'écoulement des urines se fasse bien
  - inciter M. Paul à boire régulièrement.

5.3. *Infection nosocomiale :* une infection contractée par le sujet pendant son hospitalisation alors qu'il n'était ni en période d'incubation, ni porteur de l'infection déclarée.

Modes de transmission des germes :

- aérien
- sanguin et humoral
- cutanéo-muqueux (contact)
- entérique (matières fécales, urines).

Le port de gants a 2 objectifs :

- protéger le patient d'un transport de germes par la main du soignant → changer entre 2 patients, 2 actes septiques
- protéger le soignant de la flore pathogène du soigné (ex. : acte septique, matières fécales, urine, déchets, linge souillé, isolement).

Il faut donc choisir le bon moment, le bon soin pour porter des gants. Dans tous les cas, le port de gants ne constitue pas une protection inviolable et ne dispense pas de se laver les mains ni avant, ni après.

Le port de gants est obligatoire dans tous les cas si les mains du soignant sont abîmées (excoriations, boutons, blessures...) et dans le cadre des isolements.

Question 6

6.1. *Dossier médical :* M. Paul ne peut avoir accès à son dossier médical. Il peut poser des questions au médecin hospitalier et avoir accès à son dossier médical (informations) par l'intermédiaire de son médecin traitant.

6.2. *La sortie de M. Paul est prochaine* ; envisager :

• Retour à son domicile :
  – avec environnement adapté (veuf)
  – avec secteur libéral (IDE)
  – ou soins à domicile - aide ménagère - portage repas, téléalarme, relais voisin, famille.

• Avant le retour à son domicile : possibilité moyen séjour = service convalescents afin de retrouver un maximum d'autonomie et de prévoir la mise en place d'aides pour le retour à domicile ou autres possibilités (foyer logement, maison de retraite).

• Maison de retraite médicalisée ou pas selon les soins médicaux.

• Long séjour : si son état s'aggrave et si les autres possibilités ne sont pas envisageables.

Région : Aquitaine

Sujet

1. Anatomie (4 pts)

1.1. Annotez le schéma ci-après (– 0,25 point par erreur et omission).

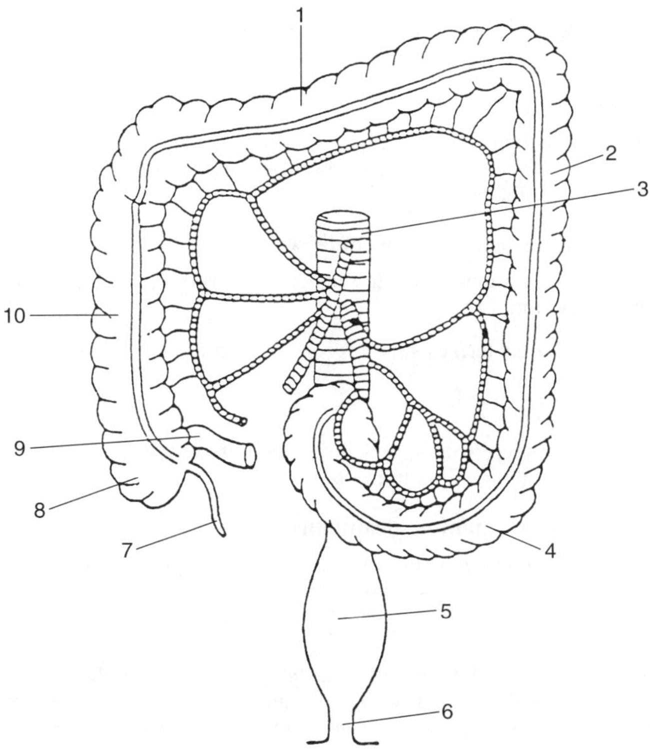

L'appareil digestif : le cadre colique

1.2. Nommez et définissez succinctement les différents organes de l'appareil digestif, de la bouche à l'intestin grêle.

2. Physiologie (4 pts)

2.1. Décrivez les modifications utérines se produisant au cours du cycle menstruel chez la femme pubère.

2.2. Citez, dans l'ordre chronologique, les temps successifs de l'élaboration de l'urine (0 à la question si la chronologie n'est pas respectée et s'il manque un temps ou plus).

3. Législation (3 pts)

3.1. A domicile, qui fait le constat du décès et quel document est établi? Où doit être déclaré le décès?

3.2. Légalement, après constatation du décès, combien de temps le corps doit-il rester au minimum dans le service d'hospitalisation?

3.3. Expliquez à quelle condition un organe peut être prélevé sur une personne décédée.

4. Hygiène de vie (5 pts)

Quels conseils hygiéno-diététiques donneriez-vous à une maman pour sa fille de 12 ans afin de favoriser un bon développement de son squelette? Explicitez vos réponses.

5. Rôle de l'aide-soignant + vocabulaire (7 pts)

M. D., 46 ans, est entré dans le service de chirurgie, ce matin, pour subir une appendicectomie.

5.1. Définissez les termes suivants :

- appendicectomie
- vomissements.

5.2. Quel sera votre rôle auprès de ce patient, le matin de l'intervention, avant son départ au bloc opératoire?

6. Rôle de l'aide-soignant + vocabulaire (7 pts)

Vous êtes aide-soignant en médecine et travaillez de 7 heures à 13 heures. Lors des transmissions, on vous confie Mme W., 68 ans, admise la veille pour <u>hémiplégie</u> gauche, avec prédominance au membre supérieur.

Cette dame est alitée, présente une <u>asthénie</u> et des troubles de la déglutition. Mme W. est droitière. Elle est en chambre seule et est très entourée par sa famille. A ce jour, il est prévu une alimentation mixée.

6.1. Donnez la définition des mots soulignés.

6.2. Quelle aide lui apportez-vous pour répondre au besoin de boire et manger?

6.3. Que transmettez-vous?

Corrigé

1. Anatomie

1.1. *Annotation du schéma du cadre colique :*

1. côlon transverse	6. canal anal
2. côlon descendant	7. appendice
3. aorte	8. cæcum
4. côlon sigmoïde	9. iléon
5. ampoule rectale	10. côlon ascendant

1.2. *Les différents organes de l'appareil digestif :*

- la bouche : cavité qui comprend la langue et les dents
- le pharynx : carrefour aéro-digestif
- l'œsophage : conduit qui relie le pharynx à l'estomac
- l'estomac : poche musculaire qui s'ouvre par le cardia et se termine par le pylore
- l'intestin grêle : formé par le duodénum et le jéjuno-iléon
- côlon.

2. Physiologie

2.1. *Les modifications utérines :*

- Le début du cycle est marqué par la desquamation de la couche superficielle de la muqueuse utérine, accompagnée d'hémorragie : ce sont les menstruations ou règles.
- Après les règles et jusqu'au 14e jour du cycle, l'utérus régénère progressivement sa muqueuse qui prolifère mais reste lisse.
- Du 14e au 28e jour du cycle, la muqueuse utérine subit une prolifération considérable. Elle prend un aspect particulier en dentelle : c'est la dentelle utérine.

2.2. *Les temps successifs de l'élaboration de l'urine :*

- la filtration glomérulaire
- la réabsorption tubulaire
- l'excrétion (sécrétion) tubulaire.

3. Législation

3.1. Le constat du décès doit être fait par le médecin.
Un certificat médical constatant le décès doit être établi.
Le décès est déclaré à la mairie du lieu de décès.

3.2. La durée minimale de maintien du corps dans le service est de 2 heures.

3.3. La personne ne doit pas avoir exprimé, de son vivant, son opposition soit verbalement, soit par écrit.

4. Hygiène de vie pour une jeune fille de 12 ans

4.1.

- *Avoir une alimentation équilibrée et variée* apportant :
  - calcium et phosphore pour permettre une bonne minéralisation des os sous forme de lait et laitages pour Ca, et poissons, viandes, œufs pour le phosphore
  - vitamine A, vitamine de croissance et vitamines D antirachitique
  - protéines nécessaires au bon développement musculaire.
- *Profiter de la lumière solaire* qui permet la synthèse de la vitamine D : la vitamine D permet la fixation du calcium sur l'os.
- Faire de l'exercice physique adapté à son âge et à ses possibilités pour une meilleure oxygénation des tissus et glandes.
- Éviter les mauvaises attitudes qui favorisent les déformations de la colonne vertébrale (cyphose, lordose, scoliose).

5. Rôle de l'aide-soignant + vocabulaire

5.1. *Définitions*

Appendicectomie : ablation chirurgicale de l'appendice iléocœcal.

Vomissements : actes par lequel le contenu de l'estomac est violemment rejeté par la bouche.

5.2.

- Je vérifie :
  - que le malade est à jeun (ni boire, ni manger, ni fumer)
  - ses constantes (température et pulsations)
  - qu'il ait fait une toilette rigoureuse
  - qu'il ait revêtu la tenue d'opéré
  - que le linge du lit soit propre
  - qu'il ne porte pas de bijoux
  - qu'il ne porte pas de prothèse dentaire
  - qu'il ait uriné.
- Je le rassure.
- Je lui donne la sonnette.
- Je crée un environnement calme pour lui permettre de se détendre.
- Je lui recommande de ne pas se lever après la prémédication.
- Je transmets à l'infirmière mes actions et toute anomalie observée.

6. Rôle de l'aide-soignant + vocabulaire

6.1. *Définitions*

Asthénie : sensation de fatigue qu'elle soit physique ou morale. Manque de forces.

Hémiplégie : paralysie complète ou incomplète d'une moitié latérale du corps.

6.2.
Aide à apporter pour répondre au besoin de boire et manger :
- Installation pour le repas :
  - l'aider à s'asseoir dans le lit
  - installer les oreillers
  - caler son bras gauche avec un coussin
  - lui laver les mains
  - installer l'adaptable
  - installer verre, couverts à portée de sa main droite
  - préparer les aliments (ex. : ouvrir le pot de yaourt) de façon attrayante et fonctionnelle
  - vérification du repas : mouliné.
- Aide au repas :
  - présence constante de façon à surveiller la déglutition
  - respect de l'autonomie
  - conseiller au malade (ou à la famille) de boire et manger par petites quantités
  - faire boire souvent, proposer de l'eau gélifiée aromatisée selon les goûts de Mme W.
  - si la personne fait une fausse route, l'asseoir complètement, prévenir l'IDE.
- Réinstallation :
  - ôter les miettes
  - arranger le lit, tendre les draps, remettre les draps en place
  - ne pas allonger à plat.

6.3. *Transmissions :*
- troubles de la déglutition : fréquence, circonstance (boisson ou repas)
- quantités absorbées : repas, boissons, fiche d'alimentation
- autonomie, participation au repas
- moral
- degré de fatigue.

Région : Auvergne

Sujets

Sujet 1

1. Anatomie - physiologie (8 pts)

1.1. Citez les opérations mécaniques intervenant dans la digestion au niveau des diverses parties de l'appareil digestif.

1.2. Indiquez le nom des différentes dents et leur nombre par mâchoire.

1.3. Citez les propriétés du muscle.

1.4. Indiquez le nom des différentes vertèbres qui composent la colonne vertébrale et leur nombre.

2. Hygiène (3 pts)

2.1. Quelles sont les principales mesures de prévention en ce qui concerne l'hygiène alimentaire?

2.2. Donnez la définition d'un antigène et d'un anticorps.

3. Engagement professionnel (3 pts)

3.1. Quelles sont les conditions nécessaires pour pouvoir obtenir réparation lorsque la responsabilité civile du soignant est engagée?

3.2. Définition de la santé selon l'Organisation mondiale de la Santé.

4. Personnes âgées (4 pts)

4.1. Qu'entend-on par vieillissement?

4.2. Quel en est le retentissement?

5. Accompagnement en fin de vie (2 pts)

Citez les différents stades du « mourir ».

6. Collaboration avec l'infirmière (10 pts)

Mme X., âgée de 75 ans, rentre dans le service de gériatrie à 8 heures, ce lundi matin, accompagnée par sa voisine. Mme X. est célibataire, sans famille.

Elle présente, depuis quelques mois, des troubles de mémoire et depuis 48 heures, des œdèmes aux membres inférieurs et des difficultés à la marche.

L'infirmière vous demande de recevoir et de préparer Mme X. en vue de la visite du médecin.

Après la visite du médecin, l'infirmière installe à 10 heures, une perfusion contenant des diurétiques à Mme X., au bras droit. Elle vous informe qu'elle sera perfusée tous les jours, qu'il lui faut un régime sans sel large, qu'elle doit rester alitée le plus possible et qu'elle présente une maladie d'Alzheimer.

6.1. Quelles seront vos actions cette première journée et les jours suivants puisque vous travaillez tous les matins cette semaine?

6.2. Qu'est-ce que vous envisageriez pour cette patiente après la fin de prise en charge de son séjour en gériatrie?

Sujet 2

Question 1 (0,75 pt)

Dans quels cas un malade est-il pris en charge à 100 % par la Sécurité sociale?

Question 2 (1 pt)

Schéma de l'os long.

Question 3 (1,5 pt)

3.1. Citez :
- 4 sucres lents
- 4 sucres rapides.

3.2. Vous contrôlez le repas de Mme X., diabétique. Vous trouvez sur son plateau :
- tranche de rillettes
- 1 cuisse de poulet avec de la purée
- 1 yaourt aux fruits
- 1 pomme cuite non sucrée
- 4 tranches de pain
- 1 sachet de sucre en poudre
- 1 verre de jus d'ananas (conserve).

Quels aliments pouvez-vous laisser sur le plateau de Mme X. et que devez-vous changer et contre quoi?

Question 4 (2 pts)

L'infirmière vous demande de faire l'injection de calciparine qu'elle vient de préparer pour Mme Y., car elle est débordée et elle sait que vous en avez fait à votre mari. Que répondez-vous?

Question 5 (0,75 pt)

Dans quels cas fait-on un isolement septique?
Quel en est le but?

Question 6 (1,5 pt)

Quel est l'article de loi stipulant le respect du secret professionnel?
Quelles sont les peines encourues en cas de non-respect?

Question 7 (1 pt)

Donnez la définition de la stérilisation.
Citez 4 procédés de stérilisation.

Question 8 (1,5 pt)

Donnez les définitions des termes suivants : diabète - anurie - escarre - bradycardie - cystite - cholécystectomie - stomie - hémoglobine - sida - diurèse.

Question 9 (10 pts)

Vous êtes aide-soignant(e) dans un service de long séjour. Vous êtes en poste de matin, le lundi, de 6 h 30 à 14 h 15. Vous avez à prendre en charge Mme X., 90 ans, entrée la veille au soir du Service de Chirurgie.

Cette personne présente une désorientation temporo-spatiale et a tendance à crier la nuit sauf si elle a un carré de chocolat le soir.

Elle est amputée de la jambe gauche, au-dessus du genou, pour artérite causée par son diabète. Elle a une prothèse, ne la supporte pas toute la journée mais peut marcher avec, à condition d'être aidée.

Elle présente depuis longtemps un diabète non insulino-dépendant, traité par régime et antidiabétique oral. Elle doit boire impérativement 1,5 l par jour pour éviter la déshydratation.

En Service de Chirurgie, elle a évolué vers une incontinence urinaire totale, suite à un alitement prolongé et elle est très constipée.

Elle a perdu l'habitude de s'alimenter seule, a une prothèse dentaire qu'elle ne peut entretenir. Elle est devenue dépendante pour la toilette.

Les malades du service sont pesés tous les mardis matins.

Une nièce vient la voir et vous demande le prix de journée et si Mme X. devra payer quelque chose ainsi que ses enfants.

Après avoir trouvé les besoins perturbés de Mme X., vous déterminerez les actions que vous aurez à réaliser auprès d'elle. Et pourquoi?

Que répondez-vous à la nièce? Développez.

Corrigés

Sujet 1

1. Anatomie - physiologie

1.1. *Les opérations mécaniques intervenant dans la digestion au niveau des diverses parties de l'appareil digestif :*

- au niveau de la bouche : mastication : les dents coupent et broient
- au niveau de l'œsophage : les fibres musculaires se contractent et poussent des aliments dans l'estomac
- au niveau de l'estomac :
  - brassage et malaxage
  - imprégnation de suc gastrique
  - puis évacuation dans l'intestin grêle
- au niveau de l'intestin grêle : des mouvements péristaltiques et pendulaires font avancer le chyme dans le gros intestin
- au niveau du gros intestin :
  - les déchets alimentaires sont brassés
  - forte absorption d'eau
  - les déchets se dirigent vers l'anus
- défécation : expulsion par l'anus des résidus de la digestion.

1.2. *Le nom des différentes dents et leur nombre par mâchoire :*

- 4 incisives
- 2 canines
- 4 prémolaires
- 6 molaires.

1.3. *Les propriétés du muscle :*

- contractibilité
- excitabilité
- élasticité
- tonicité.

1.4. *Le nom des différentes vertèbres qui composent la colonne vertébrale et leur nombre :*

- 7 vertèbres cervicales
- 12 vertèbres dorsales
- 5 vertèbres lombaires
- 5 vertèbres sacrées
- 4-5 vertèbres coccygiennes.

2. Hygiène

2.1. *Les principales mesures de prévention en ce qui concerne l'hygiène alimentaire :*

- respect de la législation :
  - hygiène du personnel :
    - lavage des mains
    - tenue vestimentaire
  - hygiène des manipulations
  - hygiène du matériel et des locaux.

2.2. *Définition d'un antigène et d'un anticorps :*

Antigène : produit étranger à l'organisme qui, à son contact, déclenche une réaction immunitaire.

Anticorps : substance fabriquée par les cellules de l'organisme afin de neutraliser un antigène.

3. Engagement professionnel

3.1. *Les conditions nécessaires pour pouvoir obtenir réparation lorsque la responsabilité civile du soignant est engagée :*

- l'acte de soin entraîne un dommage
- il est reconnu comme fautif
- il existe un lien direct entre la faute et le dommage.

3.2. *Définition de la santé selon l'Organisation mondiale de la Santé :* « La santé est un état de bien-être physique, mental et social et ne consiste pas seulement en une absence de maladie ou d'infirmité. »

4. Personnes âgées

Le vieillissement est un ensemble de modifications :

- morphologiques
- physiologiques
- psychologiques et sociologiques :
  - consécutives à l'action du temps sur les êtres vivants
  - s'intriquant entre elles et aggravant l'état de santé de la personne âgée.

Ensemble de modifications	*Retentissements*
Morphologiques	Déformations du squelette entraînant : • des déformations du corps • des raideurs articulaires • des ankyloses

Ensemble de modifications	*Retentissements*
Physiologiques	Modifications biologiques • ralentissement des capacités – de mobilité – de rapidité d'exécution – de résistance • atteintes de la fonction des organes des sens : vue, ouïe, toucher, etc. • dépendance physique
Psychologiques et sociologiques	• ralentissement } des capacités intellectuelles • détérioration } • perte de projet de vie, d'espérance • difficulté de communication : – non-reconnaissance d'un rôle : · familial · social d'où : • laisser-aller • dépendance psycho-sociologique • isolement • solitude • risque de dépression et de suicide

5. Accompagnement en fin de vie

Les différents stades du « mourir » :

- dénégation ou refus
- colère
- marchandage
- dépression
- acceptation.

6. Collaboration avec l'infirmier

6.1. *Actions :*

- Accueil :
  - climat de confiance par une relation chaleureuse
  - donner l'impression à la personne qu'elle est attendue (l'appeler par son nom)
  - l'installer :
    - la rassurer, lui présenter sa chambre, le fonctionnement (sonnette, télévision, etc.)
    - l'aider à ranger ses affaires, lui laisser ses objets personnels
    - l'aider à se dévêtir pour se mettre au lit (douleur, œdèmes des membres inférieurs, difficultés à la marche, visite du médecin)

  · prendre des informations si nécessaire auprès de sa voisine
  · lui répéter les choses (troubles de mémoire).
- Préparation en vue de la visite du médecin :
  – pesée - taille
  – la faire coucher
  – prise température - pouls
  – analyses d'urines
  – lui expliquer tout ce qu'on lui fait
  – noter tous les renseignements sur feuille de température, dossier de soins, les transmettre oralement à l'infirmière.
- Dans la matinée après le passage du médecin :
  – commande du repas correspondant à son régime
  – surélever les pieds du lit (œdèmes - faciliter la circulation de retour)
  – bocal à urines pour diurèse (diurétiques)
  – surveillance locale de la perfusion, débit
  – mettre tout à sa portée (sonnette, etc.)
  – la voir souvent, la rassurer
  – à l'heure du repas, l'aider à manger car perfusée au bras droit.
- Les jours suivants :
  – respirer : vérifier si encombrement, position demi-assise si possible, aérer, humidifier la chambre
  – boire et manger :
    · l'aider si toujours perfusée
    · vérifier le plateau et apport extérieur (sans sel large)
    · la faire boire suffisamment
  – éliminer :
    · noter la diurèse (quantité pour vérifier la fonte des œdèmes)
    · la peser
    · vérifier les selles : risque de constipation car activité réduite
    · donner des légumes verts
  – se mouvoir :
    · lever au fauteuil
    · pouls
  – dormir - se reposer : confort - ambiance chaleureuse (personne qui perd la mémoire)
  – se vêtir - se dévêtir : l'aider car elle est perfusée
  – maintenir la température :
    · prise de la température
    · lui mettre des vêtements adaptés à la température ambiante
  – être propre :
    · aide à la toilette car perfusée - la faire participer si possible
    · vérifier les mollets : douleur, rougeur, chaleur et les œdèmes : diminution, autres localisations
  – éviter les dangers :
    · la voir souvent car perte de mémoire, lui répéter les choses, la sécuriser

- prévention des risques : phlébite (mollet - dissociation du pouls et de la température), escarres (prévention : hygiène, massage, changements de position, fauteuil, alimentation riche en protides, bonne hydratation), constipation (légumes verts), perte d'autonomie (la stimuler dans tous ses gestes quotidiens), risque de désorientation (troubles de mémoire) : la voir souvent, lui donner des points de repères (calendrier, réveil…)

– communiquer : très important car la personne est seule, sans famille : favoriser la visite de la voisine, des visiteurs bénévoles, de l'aumônier

– transmissions écrites et orales : de toutes observations et changements chez cette patiente.

6.2. *Futur :* cette personne seule, sans famille, avec des pertes de mémoire sera placée en institution sous protection juridique, soit sauvegarde de justice, soit curatelle, soit tutelle.

Sujet 2

Question 1

Les cas dans lesquels le malade est pris en charge à 100 % par la Sécurité sociale :

- si hospitalisation en rapport avec ALD
- si ↗ K 50
- si + 6 mois de grossesse → maternité
- pour accouchement ou césarienne
- si sur carte de Sécurité sociale figure la mention « pour toutes prestations » et/ou remboursement à « 100 % ».

Question 2

Annotation du schéma page suivante.

Question 3

3.1. *Sucres lents* : pain, riz, bananes vertes, pâtes, pommes de terre… *Sucres rapides* : bonbons, chocolat, fruits secs, pâtisseries, sirop, sucre…

3.2. *Le plateau de Mme X.*

- Laisser les aliments suivants : cuisse de poulet, 1/2 purée, la pomme cuite non sucrée, 2 tranches de pain.
- Rajouter des légumes verts, changer les rillettes contre une salade ou jambon maigre, changer le yaourt aux fruits contre un yaourt sans sucre, supprimer le sucre et le jus d'ananas.

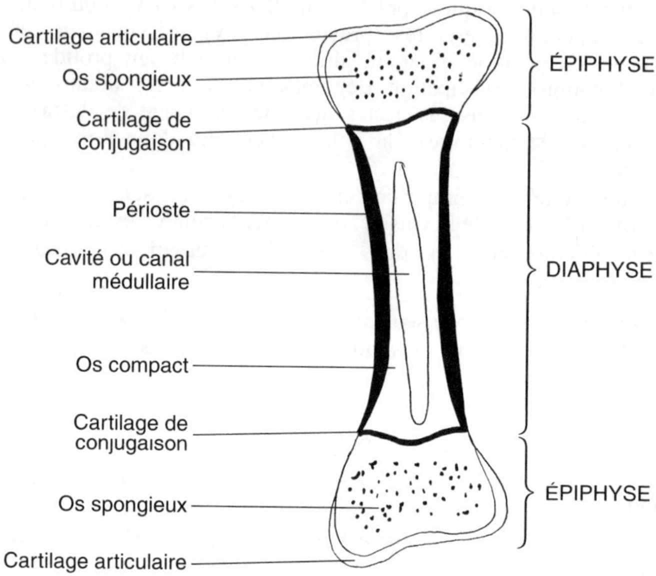

Coupe d'un os long en cours de croissance

Question 4

Je n'accepte pas de faire l'injection. Je lui réponds que faire les injections de mon mari n'avaient pas la même importance car il était d'accord et que c'est mon mari.

Mais, qu'à l'hôpital, les soins doivent être délivrés par des personnes compétentes et que je ne peux accepter d'effectuer un acte qui n'est pas de mon ressort (l'injection est un acte médical, délégué à l'infirmière).

Je me propose de l'aider dans les tâches que je peux accomplir.

Question 5

Lorsque le malade est porteur de germes, contagieux. Le but est de protéger la personne et les autres malades, les familles, les visites.

Tout ce qui sort de la chambre doit être décontaminé.

Question 6

Le secret professionnel :

- loi 378 du Code pénal
- sanctions disciplinaires
- sanctions pénales.

Question 7

Stérilisation : élimination des germes sur des milieux inertes, empêchant définitivement la reproduction des micro-organismes, virus, levures.

Quatre procédés de stérilisation :
- vapeur d'eau « chaleur humide » autoclave
- chaleur sèche « poupinel »
- formaldéhyde
- radiations ionisantes
- chimique.

Question 8

Définitions :
Diabète : présence de sucre dans les urines.
Anurie : absence de sécrétion urinaire.
Escarre : mortification des tissus cutanés.
Bradycardie : ralentissement du rythme cardiaque.
Cystite : inflammation de la vessie.
Cholécystectomie : ablation de la vésicule biliaire.
Stomie : abouchement à un organe.
Hémoglobine : pigment donnant sa couleur au sang et servant à transporter O_2.
SIDA : Syndrome Immuno-Déficitaire Acquis.
Diurèse : quantité d'urine émise en 1 journée.

Question 9

Besoins perturbés	*Données et réflexions*	*Actions*
Être propre	Peut aller jusqu'au lavabo ou douche avec prothèse + aide Ne peut se laver seule Unijambiste, diabétique et artéritique. Prothèse dentaire	L'accompagner au cabinet de toilette, l'installer, lui enlever la prothèse pour la toilette Lui faire la toilette en essayant de faire participer Bien sécher plis, vérifier les doigts de pieds, jambe droite, ongles Vérifier l'état de la peau, moignon, fesses, talon droit, faire prévention d'escarres + soins de bouche. Nettoyer la prothèse dentaire Refaire le lit + ménage Transmettre

Besoins perturbés	*Données et réflexions*	*Actions*
Boire et manger	Diabétique âgée Doit boire 1,5 l Régime selon prescription (voir pour le chocolat) Constipation Prothèse dentaire	Veiller à ce que la personne soit bien hydratée : 1,5 l mini./j Surveiller les repas, présenter les plats dans l'ordre chronologique en petites quantités et aider à manger en faisant participer Privilégier les légumes verts, protides (poissons, œufs, viandes, laitages non sucrés), riches en fibres pour constipation Entretenir l'appareil dentaire. Voir pour le problème du chocolat le soir, vu l'âge de Mme X. La peser le mardi Transmettre
Éliminer	Incontinence urinaire Constipation	Protection pour incontinence. Amener toutes les 2 heures aux toilettes (fiche) pour rééducation Noter les selles. Prévenir IDE si pas de selle Transmettre
Se mouvoir	Ne supporte pas sa prothèse toute la journée mais peut marcher avec aide	La conduire aux toilettes avec prothèse toutes les 2 heures La faire marcher dans le couloir et noter ses possibilités en pas, ses progrès Bien l'installer pour les repas et la toilette L'inciter le plus possible à garder sa prothèse, la lui enlever durant ses périodes de repos Transmettre
Dormir Se reposer	Tendance à crier la nuit, sans chocolat	Voir pour la mettre en chambre seule, si cris Barrières de sécurité Voir pour le chocolat avec IDE La lever le plus possible la journée Noter si malade crie ou dort Transmettre
Se vêtir Se dévêtir	Ne peut s'habiller seule	Habiller avec vêtements personnels. Tenir compte de ses goûts. Changer si besoin incontinence. Participation

Besoins perturbés	*Données et réflexions*	*Actions*
Éviter les dangers	Diabétique Artéritique Amputée Risque d'escarres Incontinence Désorientée Constipée	Régime Vérifier les apports extérieurs Vérifier la prise des médicaments Noter la présence de sueurs, modification (malaise, hyper., hypo.) Matelas anti-escarres. Prévention escarres. Vérifier plus particulièrement fesses, périnée (incontinente), moignon : risque potentiel, orteils droits artérite Protection au fauteuil pour éviter chutes, barrières au lit Vérifier les selles Transmettre
Se récréer	Désorientée	Lui parler, lui dire quel jour nous sommes, la saison, le mois, le lieu, répéter chaque jour Prévenir la nièce que les visites sont souhaitables

Réponse faite à la nièce :

La nièce doit être orientée vers la surveillante du service car ce n'est pas le rôle de l'aide-soignant(e). L'aide-soignant(e) se proposera aimablement de prévenir la surveillante de sa requête.

Région : Basse-Normandie

Sujet

M. Pierre, 45 ans, homme dynamique et très ouvert, représentant de commerce, a subi, il y a sept jours, une colostomie gauche définitive après colectomie pour cancer. Vous êtes aide-soignant(e) dans le service de chirurgie où est hospitalisé ce patient.

M. Pierre connaît le diagnostic et les raisons de cette intervention. Actuellement, il refuse de voir sa stomie et d'échanger à ce propos. Il se plaint à tous les repas de l'alimentation qu'il trouve sans saveur par manque d'épices.

Jusqu'à son hospitalisation, il fumait un paquet de cigarettes par jour et le tabac lui manque beaucoup.

M. Pierre est très entouré. Il reçoit régulièrement la visite de sa femme (40 ans) dont il est très proche, et la visite de ses enfants (15 et 10 ans), et de ses amis du club de natation dont il est un adhérent dynamique. Son épouse, consciente de la situation actuelle, souhaite participer aux soins de colostomie et les prendre en charge en vue d'une sortie à domicile prévue dans 5 jours.

Question 1 (3,5 pts)

Annoter le schéma de l'appareil digestif (voir page suivante).

Question 2 (6 pts)

Les objectifs de l'équipe soignante sont :

• assurer les soins d'hygiène
• rendre M. Pierre autonome par rapport à la colostomie et éduquer sa femme
• aider M. Pierre à accepter sa colostomie.

Par rapport au besoin d'hygiène, quels conseils pourrez-vous donner à M. et Mme Pierre en fonction de vos connaissances?

Question 3 (2 pts)

M. Pierre sait qu'il a un cancer; il refuse de voir sa colostomie.

Quels éléments vous permettent d'expliquer et de comprendre ce refus? Citez au moins quatre éléments.

Question 4 (4 pts)

Trois jours après sa sortie, sa femme téléphone dans le service pour demander des conseils car M. Pierre présente une diarrhée. L'infirmière vous demande quelle aurait été votre réponse?

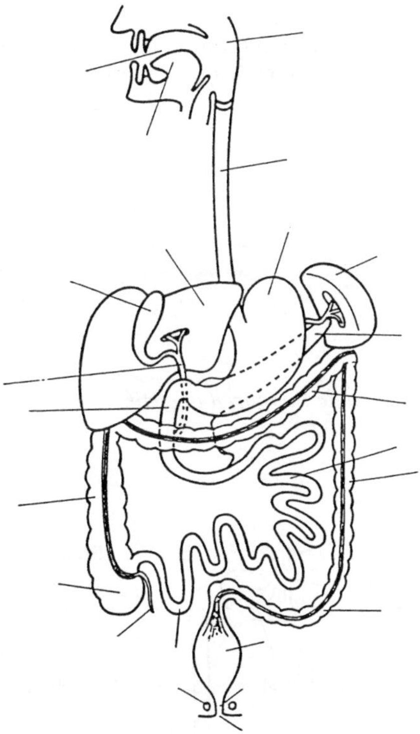

L'appareil digestif

Question 5 (3,5 pts)

5.1. Donner la définition des termes suivants : colostomie, colectomie, diarrhée.

5.2. Associez les lettres et les chiffres
Exemple : 9 - a

1. douleur musculaire	a) difficulté à effectuer des mouvements
2. maladie du rein	b) gastrectomie
3. cancer	c) difficulté à uriner
4. ablation de l'estomac	d) digestion difficile
5. dyspnée	e) sarcome
6. dysurie	f) myalgie
7. dyspepsie	g) néphropathie
8. dysphagie	h) difficulté à respirer
9. dyskinésie	i) difficulté à déglutir

Question 6 (1pt)

L'employeur de M. Pierre prend contact téléphoniquement pour se renseigner sur le diagnostic et la date probable de reprise de travail du patient. Que lui répondez-vous ?

Corrigé

Question 1

Annotation du schéma de l'appareil digestif.

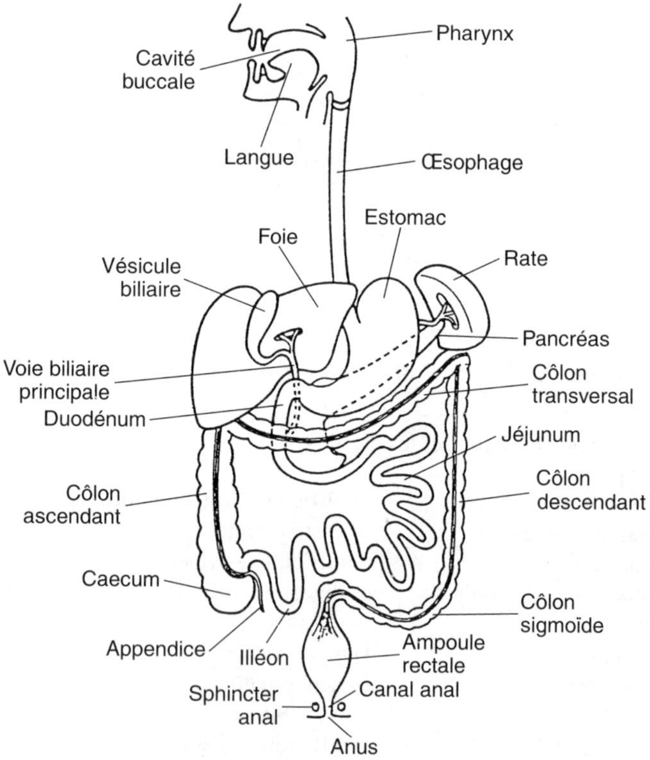

Question 2

Soins de la colostomie (conseils) :

- ce n'est pas un soin stérile, donc pas de matériel stérile, mais propre
- se laver les mains (le port de gants n'est pas nécessaire sauf si problème infectieux), ex. : diarrhée infectieuse, mycose…
- observer le contenu de la poche
- préparer le matériel :
  - poche adaptée + filtre
  - papier hygiénique ou cellulose
  - savon ordinaire
  - gant de toilette
  - serviette de toilette
  - petit sac pour jeter la poche de colostomie avec les selles
- décoller délicatement la poche
- laver la colostomie à l'eau et au savon ordinaire et observer l'état cutané (colostomie elle-même et le pourtour), rechercher si rougeur ou irritation de la peau
- rincer
- bien sécher (ne jamais employer d'éther ou autre produit)
- remettre une poche propre avec le diamètre bien adapté.

En cas de problème ou de doute, M. et Mme Pierre pourront téléphoner directement dans le service.

Question 3

Éléments permettant d'expliquer le refus de M. Pierre de voir sa colostomie :

- son âge
- sa famille (femme et enfants jeunes)
- sa situation professionnelle : beaucoup de contacts, déplacements, repas au restaurant
- ses loisirs, notamment la natation
- modification de son image corporelle
- inquiétude face au pronostic chez une personne jeune
- ses goûts (tabac) et habitudes alimentaires (épices) qui irritent la muqueuse intestinale
- problèmes sexuels.

Question 4

Les repas du patient (colostomie) :

- S'informer des derniers repas pris : contenu, conditions de prise de ces repas.
- Lui rappeler d'éviter les épices et momentanément les aliments qui accélèrent le transit (légumes verts, pruneaux, produits laitiers…).
- Conseiller momentanément un apport en purée de carottes, riz, pâtes, banane, pommes de terre, semoule.
- Lui demander si M. Pierre a repris le tabac.

• Insister sur le fait de prendre les repas à heures fixes et dans une ambiance calme.
• L'introduction de nouveaux aliments doit toujours se faire progressivement afin de tester la tolérance digestive.
• Si persistance du problème, appeler le médecin traitant.
• Hygiène corporelle (lavage des mains, port des gants).

Question 5

5.1. *Définitions*
Colostomie : abouchement du côlon à la peau.
Colectomie : ablation partielle ou totale du côlon.
Diarrhée : émission de selles liquides.

5.2.	1 - f	2 - g	3 - e	4 - b
	5 - h	6 - c	7 - d	8 - i

Question 6

• Secret professionnel
• Avertir surveillante ou infirmière
• L'employeur peut s'adresser directement à M. Pierre ou à sa femme.

Région : Bourgogne

Sujet

Mme K., 85 ans, a subi une intervention chirurgicale, sous anesthésie péridurale, il y a 48 heures, pour une fracture du col fémoral droit (pose d'une prothèse totale de hanche).

A ce jour, elle présente un syndrome confusionnel, se manifestant par des troubles de la mémoire, une désorientation, une difficulté dans l'identification des personnes qui sont autour d'elle. Elle est incontinente urinaire.

Depuis hier, elle est levée au fauteuil.

Un régime hyperprotidique est prescrit.

Question 1 (1,5 pt)

Énoncez les besoins prioritaires de cette personne.

Question 2 (11,5 pts)

Proposez les actions à mettre en œuvre.

Question 3 (2 pts)

Définir les termes suivants : anesthésie - fracture - incontinence urinaire - syndrome.

Question 4 (5 pts)

Définir l'hémorragie.

Énoncez les gestes élémentaires de secourisme à effectuer face à cette urgence.

Question 5 (5 pts)

Vous exercez en service de personnes âgées à domicile. Vous arrivez à 10 heures chez Mme X. qui a 80 ans et vous la trouvez alitée et vomissante, très pâle. Elle vous dit avoir mangé la veille au soir des haricots verts provenant d'un bocal de conserves familiales apporté par sa fille.

Que faites-vous?

Question 6 (5 pts)

Mme Alexandre, 70 ans, est atteinte d'un cancer de l'utérus et présente des métastates osseuses et pulmonaires. Après avoir souffert une grande partie de la nuit, elle est adressée par son médecin pour bilan et prise en charge de la douleur.

En fin de bilan, vous apprenez que Mme Alexandre entre en phase terminale de sa maladie.

Citez-en les différentes étapes selon Elisabeth Kübler-Ross.
Donnez les caractéristiques essentielles de chaque étape.

Corrigé

Question 1

Les besoins prioritaires :
- sécurité
- communication
- confort
- hygiène
- alimentation-hydratation
- élimination.

Question 2

Actions :
- Sécurité :
  - prévenir les chutes : au lit, au fauteuil :
    - caler - éviter la contention
    - barrières si elle les tolère
    - sonnette à portée de main - aller la voir souvent
  - respecter les principes de mobilisation par rapport à la prothèse au niveau du lever, de l'installation assise
  - éviter l'immobilisation prolongée pour éviter l'aggravation de la désorientation, pour prévenir les troubles du décubitus, les escarres (matelas anti-escarres) : changement de position, lever.
- Communication :
  - privilégier la relation :
    - l'écouter, lui parler
    - la resituer dans le temps et l'espace, dans son histoire
  - limiter la prise en charge à quelques soignants
  - mettre en valeur les progrès si minimes soient-ils.
- Soins d'hygiène et confort :
  - toilette en favorisant au maximum le reste de l'autonomie
  - changes aussi souvent que nécessaire
  - massages toutes les 3 heures, aux points d'appui

– soins de bouche
– humidifier les lèvres.
- Hydratation - alimentation :
  – faire boire (quantifier sur une fiche de boisson) (par exemple eau gélifiée ou autre)
  – privilégier les goûts
  – apport en protéines
  – présence d'un soignant ou famille indispensable pendant le repas
  – installation adéquate (au fauteuil si possible)
  – préserver l'autonomie : faire participer.
- Élimination :
  – installer sur le bassin ou sur chaise percée régulièrement
  – changes
  – attention à l'abord relationnel par rapport à l'incontinence.

Transmissions des observations à l'infirmière.

Question 3

Définitions :
Anesthésie : perte de la sensibilité.
Fracture : solution de continuité d'un os.
Incontinence urinaire : émission involontaire d'urines.
Syndrome : ensemble de symptômes.

Question 4

Définition de l'hémorragie : c'est l'écoulement de sang hors des vaisseaux (externe ou interne).

Gestes élémentaires de secourisme à effectuer face à cette urgence :
- faire allonger la personne (privilégier circulation cérébrale) et installer en fonction du traumatisme (ex. : jambes surélevées, position déclive)
- arrêter l'hémorragie : point de compression
- alerter
- surveiller la personne :
  – coloration - faciès
  – pouls
  – conscience
  – respiration
  – sensation de soif
- couvrir (éviter le refroidissement)
- ne pas donner à boire (au cas où il y aurait intervention).

Question 5

- Appeler l'infirmière coordinatrice qui donnera les directives, appeler le médecin et la famille, et en attendant la venue du médecin, recueillir les vomissements.

• Nettoyer et installer confortablement la malade.
• Changer son lit si nécessaire.
• Vérifier le pouls et noter.
• Essayer de retrouver le bocal et les restes si possible, pour aider au diagnostic.
• Laisser la malade à jeun.
• Ne pas quitter cette personne avant l'arrivée du médecin.

Question 6

Certaines étapes peuvent être occultées :
• première étape :
– négation
– refus, blocage, relation difficile
• deuxième étape :
– colère
– agressivité vis-à-vis du malade lui-même, de sa famille, de l'équipe
• troisième étape : marchandage
• quatrième étape :
– dépression
– peur
• cinquième étape :
– sérénité
– acceptation, paix
– tous les mourants n'y parviennent pas.

Région : Bretagne

Sujets

*Sujet 1**

Aide-soignante dans un service de soins intensifs, vous travaillez de 7 à 15 h 30 le 10 janvier 1996.

Lors des transmissions, l'IDE vous présente : M. Legall Pierre, 45 ans, infirmier à domicile, divorcé, 2 enfants à charge, grand fumeur.

Il est entré le 8 janvier 1996 pour coma diabétique hyperglycémique.

Ce patient est :

• intubé par voie nasale et ventilé

• porteur d'une sonde vésicale

• sous alimentation parentérale par cathéter sous-clavier.

Ce jour, il est fébrile (39,8°), son rythme cardiaque est à 120, la diurèse du 9 janvier est de 1,5 l.

De plus, il présente un encombrement bronchique.

L'IDE vous demande votre collaboration dans la prise en charge de ce patient.

1. Fonctions aides-soignantes (12 pts)

1.1. Transcrire les données du texte sur la feuille de température (voir page suivante).

1.2. Quelles sont les actions que vous allez mettre en place durant votre journée?

2. Déontologie-législation (3 pts)

2.1. Son ex-femme, infirmière à domicile également, lui rend visite ce jour.

Elle vous interpelle et vous demande des nouvelles de M. Legall.

Définissez votre attitude.

2.2. L'aide-soignante est responsable. Définissez cette phrase. Citez les différentes sortes de responsabilité.

* Présentation, orthographe, expression (sur 1 pt).

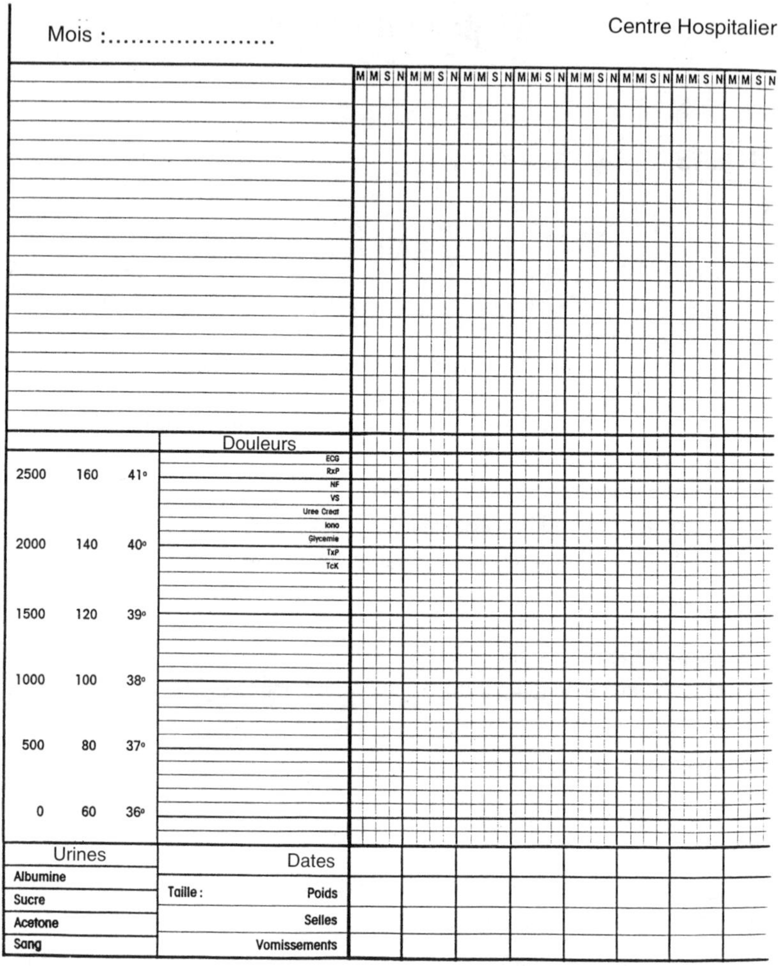

Feuille de température de M. Legall

3. Vocabulaire

(4 pts)

3.1. Définition des mots suivants : convulsion - dyspnée - anoxie - cyanose - pollakiurie - cétonurie - aphasie - arythmie - antiseptique - otorragie.

3.2. Classer les mots suivants selon le besoin des malades :

Liste des besoins :	*Liste des mots :*
hygiène	boulimie
mobilité	dysphagie

Liste des besoins (suite) :
respiration
nutrition
élimination
sécurité
relation

Liste des mots (suite) :
phlébite
rétention
infection nosocomiale
hémoptysie
mélæna
toucher
phobie
manutention

4. Anatomie physiologie (5 pts)

4.1. Compléter le schéma de l'appareil génital masculin.

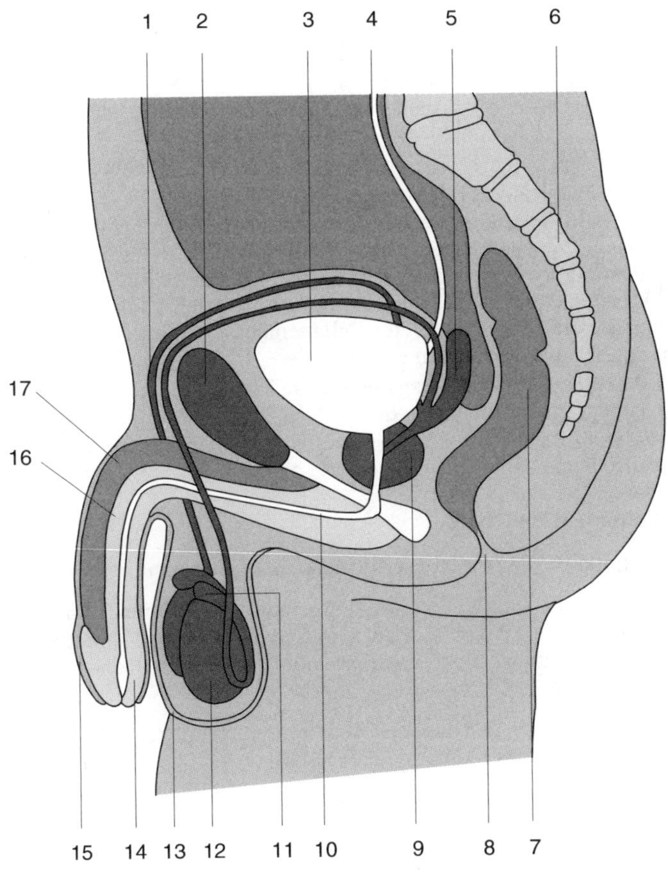

4.2. Citer les principales fonctions du rein.

5. Hygiène du local (3 pts)

5.1. Citer dans l'ordre, les actions relatives à l'entretien quotidien d'une chambre à l'hôpital.

5.2. Quelle différence y a-t-il dans l'utilisation d'un désinfectant et d'un décontaminant?

6. Diététique (2 pts)

Quels conseils donneriez-vous à M. Legall, insulino-dépendant, lors de sa sortie?

*Sujet 2**

Vous êtes aide-soignant(e) dans le Service de maternité où Mme X., primipare, âgée de 22 ans, a donné naissance (il y a 24 heures) à un petit garçon, Léo, de 2,6 kg et 46 cm.

Mme X. se trouve dans une chambre à deux lits. Le deuxième lit est inoccupé.

Après beaucoup d'hésitations, Mme X. a décidé d'allaiter son bébé.

Vous travaillez de 21 à 7 heures.

A 21 h 30, lors de votre premier passage dans la chambre de Mme X., elle vous dit que son bébé est au sein depuis 10 minutes. Elle a pris cette initiative car ses « seins étaient très douloureux » et « un liquide épais et jaunâtre s'en écoulait ». D'autre part elle vous relate l'histoire de sa belle-sœur qui a été obligée d'arrêter l'allaitement à cause de crevasses et elle craint qu'il lui arrive la même chose.

A 0 heures, Mme Z. est transférée de la salle de réveil au service où elle va occuper la même chambre que Mme X.

Elle vient de subir une césarienne sous anesthésie générale et a donné naissance à une petite fille qui se porte bien.

1. L'allaitement maternel (4 pts)

1.1. L'initiative de Mme X. est-elle adaptée et pourquoi?

1.2. Pour que les crevasses et l'engorgement soient évités, la puéricultrice a donné des conseils à Mme X. Pourquoi n'avez-vous pas l'initiative de cette première information? Pour justifier votre réponse, à quels textes de loi faites-vous référence?

1.3. Quels sont les conseils que vous pouvez redonner à Mme X. pour la rassurer concernant les risques de crevasses?

---

* Orthographe, style, syntaxe (5 pts).

1.4. Mme X. demande si elle a fait le bon choix en décidant d'allaiter son bébé. Quels sont les avantages pour Léo d'être allaité au sein?

1.5. Mme X. s'étonne de la couleur du liquide qui s'écoule de ses seins. Que lui dites-vous?

2. Observation et connaissance d'un bébé à la maternité (3 pts)

2.1. Quels sont les poids et tailles moyens d'un nouveau-né à terme?

2.2. Vous effectuez le change de Léo et vous faites plusieurs observations. Répondez par oui ou par non aux questions suivantes :

Capacités	*Oui*	*Non*
1. Léo est capable d'agripper votre doigt		
2. Léo tient seul sa tête		
3. Léo entend les bruits		
4. Léo suit du regard les objets		

2.3. Après le change, vous recouchez Léo dans son berceau. Quelle position pour le sommeil est actuellement préconisée par le ministère de la Santé? Dites pourquoi?

2.4. Quelle sera la durée du congé postnatal de Mme X.?

3. Prise en charge d'une opérée (4 pts)

Mme Z. est bien réveillée à son arrivée dans le service. Elle est porteuse d'une sonde à demeure qui a été posée avant son intervention.

Le sac collecteur contient 200 ml d'urines. Il est équipé d'un système anti-reflux qui ne rend pas nécessaire le clampage lors des changements de position.

3.1. Vous participez avec l'infirmière au transfert de Mme Z. du chariot au lit. Quelles sont les précautions que vous allez prendre par rapport à la sonde à demeure une fois Mme Z. installée dans son lit?

3.2. Il est 0 h 30. L'infirmière vous demande de mettre en route une diurèse. Comment allez-vous procéder?

Ne connaissant pas l'heure exacte de la pose de la sonde à demeure, que faites-vous?

3.3. Avant que vous ne sortiez de la chambre, Mme Z. vous réclame à boire. Quelle est votre attitude et pourquoi?

4. L'appareil locomoteur (5 pts)

Mme Y., 70 ans, entre dans le Service d'Orthopédie pour la pose d'une prothèse totale de hanche gauche décidée dans un contexte d'arthrose qui rend ses déplacements douloureux.

Mme Y. est obèse (1,60 m - 80 kg). Son médecin traitant lui a prescrit un régime hypocalorique strict qu'elle suit scrupuleusement depuis un mois. Elle a perdu 5 kg à ce jour.

Elle va partager sa chambre avec une dame ayant subi la même intervention qu'elle, il y a deux jours.

Son intervention est prévue demain à 10 h 30. Elle l'appréhende beaucoup.

Vous êtes aide-soignant(e) dans ce service et vous travaillez de 7 à 15 heures.

4.1. Annotez le schéma du squelette du membre inférieur.

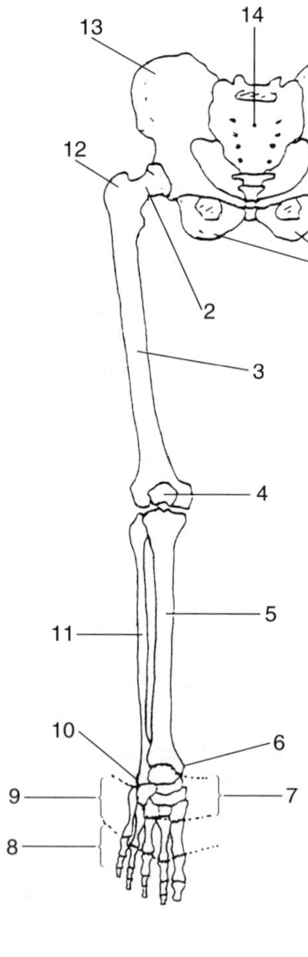

4.2. La pose d'une prothèse totale de hanche concerne une articulation mobile.

Décrivez la structure d'une articulation mobile.
Donnez un exemple d'une articulation mobile, semi-mobile, fixe.

4.3. Mots croisés

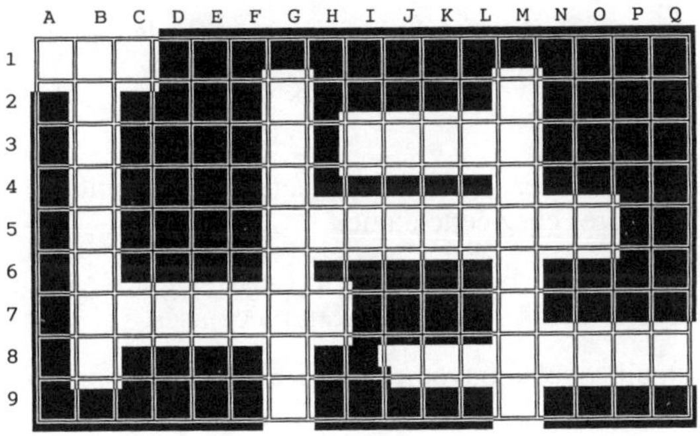

Horizontal :

1. Cicatrice d'un os fracturé.
3. Région postérieure du squelette du pied formée chez l'homme de 7 os.
5. Mouvement qui écarte un membre du plan médian du corps.
7. Liquide incolore, visqueux, d'aspect filant qui lubrifie les articulations.
8. Pièce ou appareil de remplacement d'un organe, d'un membre.

Vertical :

B. Affection chronique dégénérative des articulations.
G. Déboîtement, déplacement d'un os de son articulation.
M. Membrane conjonctive qui entoure les os et assure leur croissance en épaisseur.

5. Accueil d'un malade en chirurgie (3 pts)

Mme Y. arrive avec son mari qui a déjà fait enregistrer l'admission de sa femme au bureau des entrées.

L'infirmière étant occupée dans une autre chambre, vous prenez en charge l'accueil de Mme Y.

Vous vous apercevez qu'elle porte des bijoux de valeur. Dans sa chambre, elle vous remet sa feuille d'admission ainsi que différents résultats d'examens de laboratoire.

Comment allez-vous prendre en charge l'accueil de Mme Y.?

6. Hygiène/mobilisation (6 pts)

6.1. Le protocole du service prévoit deux douches antiseptiques avant l'intervention (une la veille, une autre la plus proche possible du départ au bloc).

Quel sera votre rôle auprès de Mme Y. la veille et avant son départ au bloc en matière d'hygiène?

6.2. Pendant que Mme Y. est au bloc, vous devez effectuer le ménage de sa chambre.

Quel type de produit utiliserez-vous pour nettoyer le mobilier? Pourquoi?

6.3. Pourquoi utilisez-vous des lavettes de couleurs différentes pour le nettoyage de la chambre?

6.4. En postopératoire, relevez les facteurs susceptibles de favoriser l'apparition d'escarres chez cette dame.

6.5. Dans le cadre de la prévention d'escarres chez Mme Y., expliquez pourquoi les changements de position sont préconisés.

6.6. Au fauteuil, quel mouvement sera à proscrire pour Mme Y.? Dites pourquoi?

Sujet 3

Aide-soignant(e) en service d'urgences, vous travaillez ce jour à 7 heures. A votre arrivée, Mme Ambroise occupe une chambre d'observation. C'est une femme de 70 ans, hypoacousique, entrée dans la nuit pour bronchopathie aiguë sur un terrain d'insuffisance cardiaque. A son entrée, Mme Ambroise présentait une gêne respiratoire et souffrait de tachyarythmie. Mme Ambroise a été mise sous scope et perfusée au bras gauche. Pour pallier son anoxie, un apport en oxygène par sonde nasale (2 l par minute) a été prescrit. Pour contrôler sa diurèse, une sonde urinaire a été posée. En observation aux urgences, une place est prévue en service de cardiologie en fin de matinée.

Mme Ambroise, célibataire, vivant en maison de retraite a été transférée aux urgences dans la nuit en ambulance. Elle n'est pas accompagnée.

1. Connaissances générales (8 pts)

1.1. Décrivez succinctement les différentes étapes de l'accouchement.

1.2. Nommez les éléments figurés du sang et précisez le rôle de chacun.

1.3. Citez les deux fonctions de l'oreille.

2. Anatomie (2,5 pts)

Annotez le schéma de l'oreille.

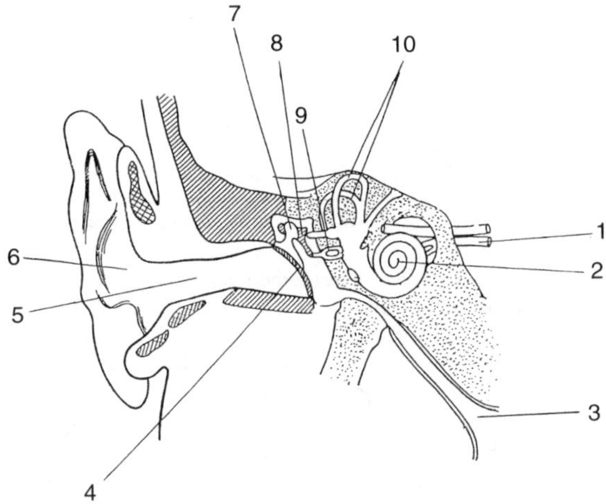

L'oreille

3. Notions législatives (3 pts)

Citez les différents modes d'hospitalisation en psychiatrie.
Précisez les caractéristiques de chacun d'eux.

Corrigés

Sujet 1

1. Fonctions aides-soignantes

1.1. *Feuille de température :*
- identité du patient : nom, prénom, âge, service
- date (8, 9 et 10 janvier 1996)
- pulsations en rouge
- température en bleu ou noir
- diurèse en vert (point ou trait à la date du 9 ou 10 janvier 1996).

1.2. *Actions à mettre en place :*
- assister aux transmissions

Besoins perturbés	*Actions entreprises*
Maintenir la température corporelle	Prendre la température plusieurs fois par jour La transcrire sur feuille de température, et dossier de soins Transmettre l'évolution de la fièvre à l'IDE Découvrir le patient Baisser la température ambiante
Être propre	Toilette complète au lit en respectant la pudeur (+ rasage, coiffure) Ne pas souiller le pansement du cathéter Soins de bouche Soins des yeux Toilette intime puis toilette avec antiseptique (SAD) Prévention d'escarres à tous les points d'appui Changement de position toutes les deux heures Le lit sera équipé d'un matelas anti-escarres Réfection du lit stricte (éviter plis et corps étranger) Ces soins seront effectués en collaboration avec l'IDE
Éliminer	Relevé de la diurèse (recueil des urines des 24 h) à 8 heures Décontamination et nettoyage du bocal Voir avec IDE si analyse d'urine Transcrire les diurèses sur feuille de surveillance Surveiller l'élimination fécale, noter fréquence et aspect Toilette à chaque change Surveiller la transpiration - changes réguliers
Respirer	Surveillance de l'intubation et la ventilation Attention au ballonnet lors du rasage du patient Surveiller l'état cutané au niveau de la narine (risque d'escarres) Surveiller la régularité des soulèvements de la cage thoracique (bonne adaptation au respirateur) Surveiller l'évolution de l'encombrement bronchique Vérifier le bon état de marche de l'aspiration pharyngée (entretien et change du matériel) Surveillance du faciès et des extrémités (détecter toute cyanose) Veiller à une bonne installation du patient
Se mouvoir	Mobilisation passive lors de la toilette et des changes Détecter tous les signes de phlébite (chaleur, douleur, rougeur au niveau du mollet et dissociation entre pouls et température), prendre le pouls Éviter les attitudes vicieuses (équinisme, rotations interne ou externe des pieds), maintenir jambe dans prolongement du corps Signaler tout mouvement évoquant des signes de réveil

Besoins perturbés	*Actions entreprises*
Manger et boire	Surveillance de la perfusion : • au point d'injection : le pansement doit être sec et propre • signaler tout gonflement ou rougeur • écoulement, bon positionnement des tubulures, pas de bulle dans la tubulure, pas de fuite au raccordement • flacon, prévenir IDE avant fin du flacon
Éviter les dangers	Mettre barrières et attaches aux membres supérieurs selon les habitudes du service Surveillance de tout l'appareillage pendant les manipulations (respirateur, scope, perfuseur, sonde urinaire…) Procéder au lavage de main avant et après chaque soin Informer les visiteurs des conduites à tenir avant pénétration dans la chambre
Communiquer	Se présenter Lui expliquer les soins effectués, le resituer Privilégier le toucher lors des soins Éviter toute discussion inappropriée à son chevet Ne pas s'entretenir de l'état du patient à haute voix

Au terme de chaque soin, faire des transmissions écrites et orales, signaler toutes les anomalies ou les problèmes rencontrés pendant les soins.

2. Législation

2.1. *Attitude de l'aide-soignant(e) vis-à-vis de l'ex-épouse de M. Legall :*
- se présenter en tant qu'aide-soignant(e)
- ne donner aucun renseignement médical, l'adresser au cadre infirmier ou à l'IDE
- en tant qu'aide-soignant(e), je dois respecter le secret professionnel ; c'est-à-dire ne rien divulguer concernant le patient.

2.2. *L'aide-soignant(e) est responsable :* elle est dans l'obligation de répondre de ses actes, ceux-ci seront effectués dans le domaine de sa compétence.

Différentes responsabilités de l'AS :
- responsabilité morale
- responsabilité civile
- responsabilité pénale.

3. Vocabulaire

3.1. *Définitions*
Convulsion : mouvement involontaire des muscles.
Dyspnée : difficulté à respirer.
Anoxie : manque d'oxygénation des cellules.

Antiseptique : qui empêche le développement des microbes.
Cyanose : couleur bleutée des extrémités.
Otorragie : hémorragie provenant de l'oreille.
Cétonurie : présence de corps cétoniques dans les urines.
Aphasie : difficulté à s'exprimer, impossibilité de traduire la pensée par la parole.
Arythmie : rythme cardiaque irrégulier.
Pollakiurie : mictions fréquentes de petite quantité.

3.2. *Les besoins des malades*
boulimie : nutrition
dysphagie : nutrition
phlébite : mobilité
rétention : élimination
infection nosocomiale : hygiène
hémoptysie : respiration
mélæna : élimination
toucher : relation
manutention : sécurité
phobie : relation

4. Anatomie physiologie

4.1. *Annotation du schéma de l'appareil génital masculin*

1. canal déférent	7. rectum	13. scrotum
2. os pubien	8. anus	14. gland
3. vessie	9. prostate	15. prépuce
4. uretère	10. urètre	16. corps spongieux
5. vésicule séminale	11. épididyme	17. corps caverneux
6. colonne vertébrale	12. testicule	18. appareil génital masculin

4.2. *Principales fonctions du rein :*
• épuration du sang
• élaboration de l'urine
• fonction de sélection
• équilibration de la TA grâce à la rénine.

5. Hygiène du local

5.1. *Le ménage :*
• aérer la pièce si possible
• vidange des poubelles
• nettoyage et désinfection des surfaces de haut en bas (mobilier puis cabinet de toilette)
• balayage humide
• lavage des sols
• nettoyage et désinfection du matériel de ménage.

5.2. *Différence entre l'utilisation d'un désinfectant et celle d'un décontaminant :*
• on décontamine tout objet souillé
• on désinfecte tout objet propre.

6. Diététique (pour insulino-dépendant)

Conseils donnés à M. Legall à sa sortie :
• voir une diététicienne, si cela n'a pas été fait en fin de séjour (pour connaître son apport glucidique permis)
• prévoir une balance de ménage afin de peser les féculents (faire des équivalences)
• prévoir une collation
• toujours disposer de sucre sur lui (en cas d'hypoglycémie)
• ne jamais « sauter » un repas
• avoir une alimentation en rapport avec ses activités.

Sujet 2

1. L'allaitement maternel

1.1. Oui car les seins douloureux peuvent être liés à l'engorgement d'où la nécessité de les vider.

1.2. Cela ne rentre pas dans le champ de compétences de l'aide-soignant(e).

Références : limite et rôle de chaque membre de l'équipe :
• décret du 15 mars 1993 : actes professionnels IDE
• arrêté du 22 juillet 1994 : programme de formation de l'aide-soignant(e).

1.3. *Conseils d'hygiène :*
• se laver les mains avant chaque tétée
• nettoyage des seins à l'eau minérale avant et après chaque tétée
• séchage minutieux.

Conseils par rapport à la mise au sein :
• position de l'enfant (bien en face du mamelon)
• durée de la tétée (pas trop longue)
• alterner les deux seins pour chaque tétée
• vider les deux seins.

1.4. *Valeur nutritive :*
• l'allaitement maternel est préconisé car Léo est d'un petit poids
• le lait maternel est adapté aux besoins de Léo :
  – plus facile à digérer
  – présence d'anticorps.

Valeur affective : relation affective du bébé avec sa maman.

1.5. C'est normal car ce n'est pas encore du lait, c'est du colostrum.

2. Observation et connaissance d'un bébé à la maternité

2.1. *Poids et taille moyens d'un nouveau-né à terme :*
• entre 47 et 51 cm
• de 3 à 3,5 kg (prématurité < 2,5 kg).

2.2. 1, 3 : oui; 2, 4 : non.

2.3. Le décubitus dorsal ou décubitus latéral alterné.
Pour prévenir la mort subite du nourrisson.

2.4. 10 semaines.

3. Prise en charge d'une opérée

3.1. *Précautions à prendre par rapport à la sonde à demeure :*
• Positionner l'ensemble sac à urines et tubulure toujours au-dessous du niveau de la vessie.
• Vérifier le bon fonctionnement de la sonde à demeure :
  – pas d'obstacle à l'écoulement (sonde coudée ou coincée)
  – sonde et sac collecteur bien raccordés (étanchéité du circuit - absence de fuite).

3.2. *Mise en route d'une diurèse :*
• Se laver les mains avant et après les soins.
• Préparer le bocal à urinaire et y inscrire : nom, prénom, numéro de chambre. Sur le bocal et/ou sur le dossier de soins, inscrire :
  – heure de départ de la diurèse : 0 h 30 le soir
  – heure de fin de la diurèse : 0 h 30 le lendemain.
• Jeter les urines contenues dans le sac (si les urines ne sont pas jetées, moins 1,25 point).

3.3. *Attitude face à Mme Z. :*
• Demander à l'infirmière jusqu'à quand Mme Z. doit rester à jeun et si c'est possible de lui humecter les lèvres.
• Informer Mme Z. qu'elle ne peut pas boire pour le moment du fait de l'anesthésie générale et lui donner l'heure à laquelle elle pourra le faire.

4. L'appareil locomoteur

4.1. *Annotation du schéma du squelette du membre inférieur (p. 54) :*
1. sacrum
2. ischion
3. col du fémur
4. fémur
5. rotule
6. tibia
7. malléole interne
8. tarse
9. phalange
10. métatarse
11. malléole externe
12. péroné
13. grand trochanter
14. ilion aile iliaque

4.2. *La structure d'une articulation mobile :*
• Les surfaces articulaires des os mis en mouvement sont en contact les unes avec les autres au niveau de l'articulation.

• Les surfaces sont recouvertes de cartilages articulaires. Elles sont maintenues par un puissant bourrelet : ligament.
• L'agent lubrifiant : la synovie est contenue dans une poche : la synoviale.

Exemples d'articulations :
• articulation mobile : le coude
• articulation semi-mobile : les vertèbres
• articulation fixe : os du crâne.

4.3. *Mots croisés*

Horizontal :
1. Cal
3. Tarse
5. Abduction
7. Synovie
8. Prothèse

Vertical :
B. Arthrose
G. Luxation
M. Périoste

5. Accueil d'un malade en chirurgie

La prise en charge de l'accueil de Mme Y. :
• se présenter et expliquer comment reconnaître les différents membres de l'équipe (badges ou couleur de blouse)
• lui présenter sa chambre (matériel, TV, sonnette, toilettes…); le fonctionnement du service (heures de repas, heures de visite du médecin, de la famille…)
• lui présenter sa voisine
• recueillir les documents pour les remettre à l'IDE
• lui dire que l'IDE passera la voir pour lui donner l'heure de l'intervention et lui expliquer ce qui va se passer avant le bloc
• la rassurer
• proposer de remplir un inventaire (notion d'inventaire) par rapport aux bijoux.

6. Hygiène/mobilisation

6.1. *Le rôle de l'AS :*
• la veille :
– douche antiseptique selon le protocole
– vérification de l'état cutané, les plis, le nombril (intégrité, propreté)
– enlever le vernis et couper les ongles si nécessaire
• le jour :
– 2e douche antiseptique
– vérification de l'hygiène bucco-dentaire
– dernière vérification de la propreté
– tenue de bloc et hygiène vestimentaire
– enlever les bijoux.

6.2. Un détergent désinfectant pour assurer le lavage (détergent) et la désinfection (désinfectant) de la surface.

6.3. Pour éviter le passage des germes d'une surface à l'autre sachant que l'on classe les surfaces en trois catégories :
- objets meublants + parties verticales (murs, vitres)
- sanitaires : lavabo, robinetterie, douche
- WC, vidoirs.

6.4. *Les facteurs susceptibles de favoriser l'apparition d'escarres :*
- Mobilité réduite
- Obésité
- Âge.

6.5. Supprimer l'appui prolongé sur une même zone du corps.

6.6. Ne doit pas croiser les jambes ou proscrire la rotation interne des jambes pour éviter la luxation de la prothèse.

Sujet 3

1. Connaissances générales

1.1. *Différentes étapes de l'accouchement :*
- dilatation : ouverture complète du col utérin
- expulsion : naissance de l'enfant
- délivrance : expulsion du placenta.

1.2. *Éléments figurés du sang et rôle de chacun :*
- globules rouges ou hématies : transport de l'O_2 et du CO_2
- globules blancs ou leucocytes : lutte contre l'infection
- plaquettes : rôle dans la coagulation, lutte contre l'hémorragie.

1.3. *Deux fonctions de l'oreille :* audition et équilibration.

2. Anatomie

Annotation du schéma de l'oreille :

1. nerf auditif
2. limaçon cochlée
3. trompe d'Eustache
4. tympan
5. conduit auditif externe
6. pavillon
7. marteau
8. enclume
9. étrier
10. canaux semi-circulaires endo-lymphatiques ou labyrinthe

3. Notions législatives sur l'hospitalisation

- Hospitalisation libre : le patient demande lui-même son hospitalisation, conserve les mêmes droits que lors d'une hospitalisation générale.

• Hospitalisation à la demande d'un tiers : la demande émane d'un membre de son entourage, nécessité de 2 certificats médicaux.

• Hospitalisation d'office : concerne les personnes dont les troubles mentaux compromettent l'ordre public où sa propre sécurité. Décision administrative et médicale. Autorité compétente : préfet ou par défaut, maire ou commissaire de police. Le médecin présent est tenu de rédiger un certificat médical circonstancié.

Région : Centre

Sujets

Sujet 1

Cas concret

Mme Alix, 40 ans, secrétaire dans une entreprise commerciale, mère de trois enfants est hospitalisée depuis 4 jours dans le service de gastro-entérologie pour une maladie du foie (hépatite infectieuse).

Le dossier de soins de la patiente signale :

• une intolérance à l'activité liée à une importante altération de l'état général se manifestant par une extrême lassitude, une anorexie, une perte de poids (2 kg depuis son entrée) et qui la laisse dans l'incapacité d'assurer ses soins d'hygiène ;

• une atteinte de l'intégrité de la muqueuse buccale liée à une stomatite et qui se manifeste par une hypersensibilité aux mets trop chauds ou trop froids ;

• une atteinte de l'intégrité de la peau liée à :

– un ictère généralisé se manifestant par un prurit important avec lésions de grattage

– un alitement prolongé se manifestant par des rougeurs aux talons - sacrum - coudes ;

• une altération de la mobilité physique liée à la douleur et qui se manifeste par des arthralgies, au moindre déplacement ou effort ;

• un risque élevé d'accident lié à la perturbation des mécanismes de la coagulation par le foie malade et qui se manifeste par des gengivorragies lors du brossage des dents et des ecchymoses au moindre choc ou geste brutal ;

• une anxiété liée à la peur des conséquences de sa maladie, à son avenir professionnel (le mari est au chômage, il garde les enfants) et qui se manifeste par des insomnies, et un repli sur elle-même.

Aide-soignant dans ce service, vous travaillez de 7 à 15 heures. Après avoir pris connaissance du dossier de soins, l'infirmière vous confie les soins de maintenance de Mme Alix et vous donne les consignes et les précisions suivantes :

• Pendant cette période critique Mme Alix doit rester alitée et se reposer pour ménager son foie.

• La toilette doit être faite après le petit déjeuner pour lui permettre de se reposer davantage.

• Mme Alix assure seule ses soins d'hygiène buccale après chaque repas. Vérifier la brosse à dents qui doit être souple pour éviter le saignement des gencives, sinon lui procurer une éponge dentaire.

• Il faut surveiller :

– Les lésions de grattage, les ongles pour éviter toute infection. Appliquer une lotion antiprurigineuse sur le corps après la toilette et à la demande.

– Sa prise d'alimentation :

 · elle ne peut ingérer que de petites quantités à la fois;

 · les nausées persistent et la position demi-assise semble la calmer un peu;

 · pour tenter d'enrayer l'amaigrissement, le médecin conseille une alimentation proche de la normale et qui lui répugne le moins (grillade ou poisson poché - légumes verts - entremets sucrés - fruits); actuellement elle a une aversion pour la viande.

– La boisson : elle doit boire 1,5 l sous quelque forme que se soit pour prévenir la déshydratation.

– Les urines : actuellement foncées, oliguriques. Un relevé de la diurèse des 24 heures est fait tous les matins à 10 heures.

Son mari vient la voir tous les jours. Elle attend sa visite avec impatience et n'aime pas être dérangée.

1. Collaboration avec l'infirmière (8,5 pts)

1.1. Suite à ces informations, citez et justifiez les actions que vous allez entreprendre ce jour pour répondre aux besoins de Mme Alix :

• besoins d'être propre et de protéger ses téguments

• besoin de communiquer.

Présentez votre réponse sous forme de tableau.

1.2. A 10 heures, vous faites le relevé de la diurèse des 24 heures de Mme Alix.

Qu'est-ce que la diurèse?

Quelles sont les principales sources d'erreur pouvant fausser la courbe des urines.

Le bocal ne contient que 400 cc d'urines. Que faites-vous?

1.3. Mme Alix vient de présenter des vomissements. Vous avez changé la literie, rincé la bouche de votre patiente, essuyé son visage, aéré la chambre. Mme Alix reste encore nauséeuse.

Donnez la définition du mot « vomissement ».

Quelles actions mettrez-vous en œuvre auprès de Mme Alix après les vomissements?

Quels seront les éléments d'observation que vous porterez sur le dossier de soins?

2. Vocabulaire

(3 pts)

2.1. Donnez la définition des mots suivants : hépatite - anorexie - arthralgie - stomatite - oligurie.

2.2. Vous souffrez de l'un des organes mentionnés dans la colonne de gauche, lequel des spécialistes mentionnés dans la colonne de droite irez-vous consulter.

Écrivez la lettre (organe), le numéro (spécialiste) qui lui correspond dans l'ordre.

A. Reins	1. Dermatologue
B. Bouche	2. Gynécologue
C. Estomac	3. Gastro-entérologue
D. Peau	4. Néphrologue
E. Ovaires	5. Stomatologue

3. Connaissances générales

(2,5 pts)

3.1. Reportez sur votre copie les numéros du schéma ci-dessous et faites correspondre les noms en fonction de leurs différentes localisations.

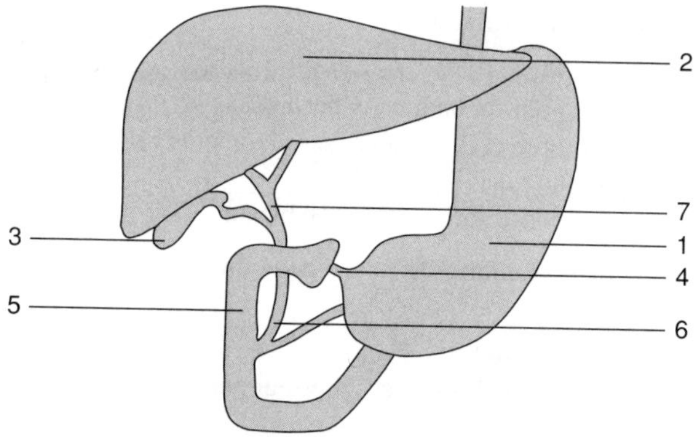

Les voies biliaires extra-hépatiques

3.2. Citez et écrire dans l'ordre :

- Le lieu de formation de la bile
- L'endroit où la bile se déverse au moment de la digestion
- L'endroit où la bile est stockée
- L'action principale de la bile.

4. Diététique (hépatite infectieuse) (2 pts)

Vous prenez le plateau de Mme Alix. Il est composé de la façon suivante :

- potage de légume bouillant
- crudités assaisonnées à l'huile de maïs
- bœuf en sauce + carottes
- 1 portion de camembert
- 1 entremets sucré + 1 poire
- 1 pichet d'eau + glaçons.

Que faites-vous? Justifiez votre réponse.

5. Hygiène (2,5 pts)

5.1. Vous êtes témoin qu'une de vos collègues du service ne se lave pas les mains après avoir manipulé du linge sale.

Quelle sera votre attitude. Justifiez votre réponse.

5.2. Désinfection-décontamination. De ces deux opérations, laquelle doit être mise en place en premier. Pourquoi?

6. Éthique - législation - profession (2 pts)

6.1. Mme Alix se plaint de douleurs diffuses. Vous vous proposez d'avertir l'infirmière mais la patiente vous dit avoir sur elle des sachets d'aspégic. Que faites-vous?

6.2. M. Alix lors de la visite à sa femme s'inquiète de la prise en charge du forfait journalier et vous demande : «Qu'est-ce que le forfait journalier?»

Que lui répondez-vous?

Sujet 2

Mme Z., âgée de 50 ans, est hospitalisée dans le Service de Pneumologie depuis une semaine pour une bronchite chronique avec expectoration abondante.

Ce jour, elle présente un hypertension artérielle (un régime sans sel lui a été prescrit) et des ménorragies importantes. Cette patiente est dépressive suite au décès de son mari il y a trois mois et au départ de son fils unique à l'étranger. Elle n'a plus le goût à se laver, a perdu l'appétit, pleure souvent et se sent tout le temps fatiguée.

De plus, sa mère, âgée de 80 ans, ne peut plus vivre seule et doit être placée dans une structure d'accueil.

Aujourd'hui, l'infirmière vous demande de participer à la prise en charge de Mme Z. de 7 à 15 heures.

Question 1 (7 pts)

1.1. Titrez et annotez le schéma ci-dessous en recopiant les numéros.

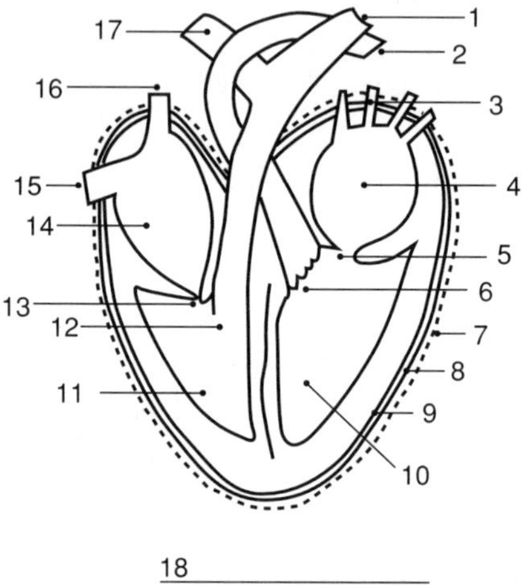

1.2. Quelle est la différence entre la petite et la grande circulation?

1.3. Donnez la définition des mots suivants : pollakiurie - immunité - ménorragie - hémoptysie.

1.4. Citez 4 aliments interdits dans le régime sans sel.

Question 2 (4 pts)

2.1. Vous travaillez de 7 à 15 heures. A quels moments devez-vous vous laver les mains?

2.2. Quel est l'intérêt du balayage humide?

2.3. Donnez la définition d'une infection nosocomiale.

Question 3 (6 pts)

Mme Z. présente des ménorragies.
Sur quoi porteront vos transmissions?

Question 4 (3 pts)

Mme Z. a une expectoration abondante.
Sur quoi portera votre surveillance?

Question 5 (6 pts)

Mme Z. présente une dépression réactionnelle.
Quel sera votre rôle d'aide-soignant(e)?

Question 6 (4 pts)

Mme Z. vous demande quels sont les différents modes d'hébergement pour personnes âgées.
Que lui répondez-vous?

Corrigés

Sujet 1

1. Collaboration avec l'infirmière

1.1.

Actions	*Justifications*
Besoin d'être propre et protéger ses téguments	
• Préparation matériel pour toilette au lit après le petit déjeuner	→ Doit rester alitée-consigne IDE → Repos le matin-consigne IDE
• Lui faire une toilette complète	→ Incapacité d'assurer seule ses soins d'hygiène (lassitude)
– avec douceur - éviter de la retourner plusieurs fois (être deux si possible)	→ Douleurs articulaires au moindre déplacement-effort
– en évitant de frotter	→ Ecchymoses au moindre geste brutal
• Appliquer la lotion anti-prurit sur le corps puis à la demande de la patiente	→ Éviter qu'elle se gratte - consigne IDE
• Observer si pas de nouvelles manifestations hémorragiques (ecchymoses sur le corps)	→ Mauvaise coagulation du sang due au foie malade
• Vérifier les ongles coupés court	→ Éviter les lésions de grattage - infection
• Lui donner le matériel - brossage dents et	→ Habitudes de vie - hygiène buccale
• Vérifier si poils souples (sinon éponge dentaire)	→ Éviter saignements gencives
• Massage du sacrum - talon - coudes à intervalles réguliers jour-nuit	→ Rougeurs - risque d'escarres → Alitement - amaigrissement

Actions	*Justifications*
• Lavage des mains : avant - après chaque repas après être allée à la selle	→ Hygiène des mains
• Réfection complète au lit puis plusieurs fois dans la journée si nécessaire	→ Confort et hygiène du malade
• Nettoyage et désinfection du bassin - bocal	→ Hygiène hospitalière
• Sonnette à sa portée	→ Dépendante
• Encourager à s'exprimer, à parler de ses préoccupations, de ses craintes : (avenir professionnel, maladie), à poser des questions	→ Repli sur elle-même → Permet de réduire la peur de l'inconnu → Anxiété
• Transmettre ses demandes à l'IDE	→ Aider Mme Alix dans ses attentes
• Respecter les moments d'intimité avec son mari	→ N'aime pas être dérangée

1.2. *La diurèse :* c'est le volume des urines émis pendant 24 heures

Sources d'erreurs pouvant fausser la courbe des urines :

• non-information du patient
• urines perdues lors d'émission de selles
• inattention du malade qui urine aux toilettes
• erreur de bocal non étiqueté
• non-respect des horaires et relevé des urines.
• S'informer auprès de Mme Alix
  – si urines perdues - vomissement
  – si elle a bien bu (doit boire 1,5 l)
• signaler à l'IDE
• noter sur dossier de soins (couleur - quantité et problèmes rencontrés).

1.3. *Le vomissement :* c'est le rejet par la bouche du contenu gastrique.

Actions à mettre en place après les vomissements :

• Réinstaller en position demi-assise (calme les nausées)
• Prévenir l'IDE à laquelle on montrera le liquide rejeté
• Laisser un haricot propre (toujours des nausées) - protection mouchoirs jetables
• La sonnette d'appel.

Éléments d'observation :

• Transmissions orales à l'IDE
• Transmissions écrites sur le dossier de soins :
  – aspect de vomissement
  – horaire - fréquence - quantité - odeur
  – signes associés (douleurs, sueurs, etc.).

2. Vocabulaire

2.1. *Hépatite :* inflammation du foie.
Anorexie : perte ou diminution de l'appétit.
Arthralgie : douleur d'une articulation.
Stomatite : inflammation de la muqueuse buccale.
Oligurie : diminution du volume des urines.

2.2. A4 - B5 - C3 - D1 - E2.

3. Connaissances générales

3.1. *Annotation du schéma :*
1. estomac
2. foie
3. vésicule biliaire
4. orifice du pylore
5. duodénum
6. canal cholédoque
7. canal hépatique.

3.2.
• Foie, bile sécrétée de façon continue
• Dans le duodénum
• Dans la vésicule biliaire
• Agit sur les graisses en les émulsionnant au moment de la digestion.

4. Diététique (hépatite infectieuse)

• Ne pas servir le plateau ne correspond pas à l'alimentation conseillée par le médecin.
• Prévenir IDE pour vérification.
• Justification :
– plateau trop chargé - mange de petites quantités à la fois
– peu appétissant - malade anorexique
– aversion pour la viande - (bœuf en sauce)
– potage fumant - hypersensibilité au chaud
– boisson glacée - hypersensibilité au froid.

5. Hygiène du soignant

5.1. *Lavage des mains :*
• Rappel des consignes sur le lavage des mains en milieu hospitalier et son importance dans la transmission des germes
• Si son comportement n'a pas changé, j'informe ma collègue que je transmets mon observation à la surveillante ou à l'IDE
• Justification :
– agir dans l'intérêt du malade (éviter infection nosocomiale)
– prendre ses responsabilités.

5.2. *La décontamination* est l'opération initiale qui permet avant le nettoyage de supprimer un certain nombre de germe et d'éviter leur dissémination.

La désinfection intervient après le nettoyage sur des surfaces nettoyées et propres.

6. Éthique - législation - profession

6.1. Informer Mme Alix qu'elle ne doit pas prendre ses propres médicaments et avertir l'IDE qui jugera de la conduite à tenir.

6.2. *Forfait journalier :* participation financière des assurés aux frais occasionnés par leur hébergement. Il peut être pris en charge par certaines mutuelles complémentaires.

Sujet 2

Question 1

1.1. *Annotation du schéma du cœur (p. 70)*

1. artère pulmonaire gauche
2. aorte
3. veines pulmonaires
4. oreillette gauche
5. valvule mitrale
6. valvule sigmoïde
7. péricarde
8. myocarde
9. endocarde
10. ventricule gauche
11. ventricule droit
12. valvule sigmoïde
13. valvule tricuspide
14. oreillette droite
15. veine cave inférieure
16. veine cave supérieure
17. artère pulmonaire droite
18. le cœur

1.2. *Différence entre la petite et la grande circulation :*
• *petite circulation* : cœur/poumons - poumons/cœur
• *grande circulation* : cœur/organes - organes/cœur.

1.3. *Définitions :*
Pollakiurie : miction fréquente mais urine peu abondante.
Immunité : protection d'un organisme sain vis-à-vis d'un agent étranger.
Ménorragie : augmentation des règles en durée et/ou en quantité.
Hémoptysie : expectoration de sang provenant des voies respiratoires.

1.4. *Quatre aliments interdits dans le régime sans sel :*
Sel, conserves, charcuterie, beurre salé, fromage, bonbon, vichy, comprimé effervescent, condiments, soupe en sachets…

Question 2

2.1. *Le lavage des mains*
• En entrant et en sortant du service.
• Avant et après un soin.

• Après avoir touché un objet souillé.
• Après être allé aux toilettes.
• Après s'être mouché.

2.2. *Intérêt du balayage humide :* il piège au sol les éléments vecteurs potentiels d'infection.

2.3. *Définition d'une maladie nosocomiale :* elle est contractée à l'hôpital, et survient 48 à 72 heures après l'hospitalisation.

Question 3

Les transmissions (métrorragies) *:* il faudra noter :
• leurs aspects : rouge ou noir, avec ou sans caillot
• leurs abondances
• accompagnées de douleurs
• leurs répétitions
• la date du début des règles
• l'état physique et psychologique de la patiente.

Question 4

La surveillance portera sur l'aspect, la couleur, la quantité.

Question 5

Le rôle d'aide-soignant(e) :
• être à l'écoute
• éviter les réponses toutes faites
• respecter les larmes
• favoriser des temps d'écoute
• surveiller (risque suicidaire)
• faire les transmissions.

Question 6

Différents modes d'hébergement pour personnes âgées : les foyers-logements, les maisons de retraite, les longs séjours, les familles d'accueil.

Région : Champagne-Ardennes

Sujets

Sujet 1

M. X., 75 ans, est hospitalisé depuis 3 jours dans le service de réanimation pour infarctus du myocarde.

M. X. pèse 90 kg pour 1,70 m; il est porteur d'un cathéter sous-clavier droit, d'une sonde urinaire; une diurèse est faite chaque jour. Il n'a pas eu de selles depuis 2 jours. Il est sous scope 24 h/24 h.

Il va mieux, mais son état de santé nécessite encore la surveillance d'un service de réanimation.

M. X. présente une asthénie importante et a un très mauvais moral.

Question 1 (3,5 pts)

Annotez le schéma du cœur.

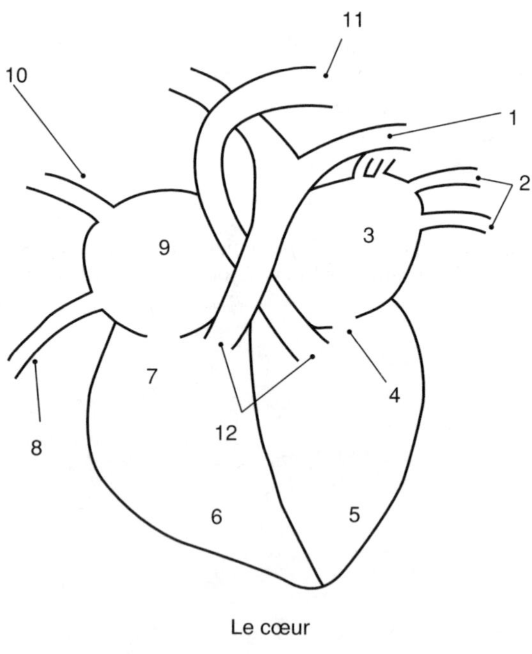

Le cœur

Question 2 (3 pts)

Donnez les définitions suivantes : infarctus du myocarde - asthénie - angine de poitrine.

Citez les étapes du mécanisme de la révolution cardiaque.

Question 3 (14 pts)

Énumérez sous forme de tableau, les besoins perturbés de M. X., par ordre de priorité et expliquez les actions que vous conduirez par rapport à ces besoins perturbés.

Question 4 (1,5 pt)

M. X. vous dit ne pas être allé à la selle depuis 2 jours. Que faites-vous de cette information et pourquoi?

Question 5 (5 pts)

Il est 11 heures. Quelles transmissions ferez-vous à l'infirmière lorsque vous aurez terminé de vous occuper de M. X.?

Question 6 (3 pts)

Il lui sera établi un régime hypocalorique. Pourquoi?

Établissez un menu type pour le repas du midi que vous conseillerez à M. X.

Sujet 2

M. X., 52 ans, célibataire, est hospitalisé en médecine. C'est un fumeur atteint d'insuffisance respiratoire chronique. Il est dyspnéique, ses expectorations sont jaunâtres et épaisses.

Il a 38,7° de température et 95 pulsations/min.

Il a les lèvres cyanosées, des œdèmes aux membres inférieurs.

Il est traité par :

- aérosol
- oxygénothérapie à 2 1/min/6 h sur 24 heures
- antibiothérapie et diurétique.

Question 1 (3 pts)

Définissez : dyspnée - expectoration - cyanose - aérosol - antibiothérapie - diurétique.

Question 2 (4 pts)

Énumérez les besoins fondamentaux perturbés chez M. X.

Question 3 (12 pts)

L'infirmière demande votre collaboration pour la préparation, l'installation et la surveillance de l'aérosol bucco-nasal de sérum physiologique.

3.1. Que préparez-vous?

3.2. Quelles seront vos actions, et quels conseils pourrez-vous donner à M. X., avant - pendant - après l'aérosol.

Question 4 (3pts)

Expliquez les différentes étapes de l'entretien du matériel après l'aérosol bucco-nasal.

Question 5 (3 pts)

Citez 3 moyens techniques (ou appareillages) permettant d'administrer de l'oxygène.

Question 6 (5 pts)

Légendez le schéma de l'appareil respiratoire.

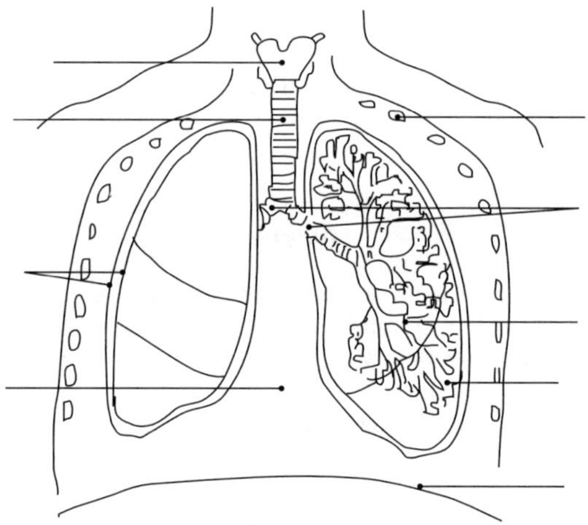

L'appareil respiratoire

Sujet 3

Question 1 (1 pt)

Reliez les termes de la première colonne avec les mots correspondants dans la deuxième colonne.

A. système nerveux	1. cellule
B. leucocyte	2. tissu
C. épithélium	3. appareil
D. pancréas	4. organe

Question 2 (1 pt)

Énumérez les groupes sanguins que vous connaissez.

Question 3 (1,25 pt)

Citez les 5 sens et donnez pour chacun d'eux l'organe concerné.

Question 4 (1,25 pt)

Citez les vaccinations infantiles obligatoires en France.

Question 5 (1 pt)

Citez deux aliments contenant :
- des sucres à assimilation lente
- des sucres à assimilation rapide.

Question 6 (2 pts)

Cochez la bonne réponse.

a) Sont génétiquement semblables :
1. des faux jumeaux ☐
2. des vrais jumeaux ☐
3. des frères et sœurs ☐
4. des sosies ☐

b) La carence en vitamines K provoque :
1. cécité ☐
2. scorbut ☐
3. rachitisme ☐
4. hémorragie ☐

c) Vos propres gènes proviennent :
1. moitié de votre père et moitié de votre mère ☐
2. un quart de votre père, trois quarts de votre mère ☐
3. un quart de votre mère, trois quarts de votre père ☐

d) Parmi ces maladies, quelle est celle qui est génétique?
1. le sida ☐
2. la rubéole ☐
3. l'hémophilie ☐

Question 7 (2 pts)

Annotez le schéma de la dent.

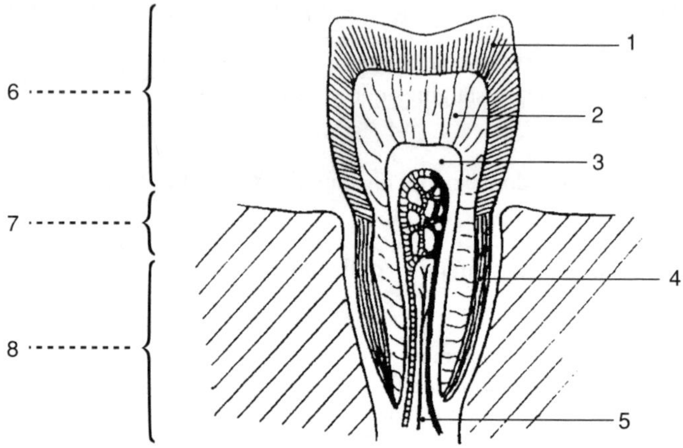

Question 8 (2,5 pts)

Citez au moins 5 précautions d'hygiène de vie pour prévenir la maladie cardio-vasculaire.

Justifiez votre réponse pour chacune d'elles.

Question 9 (1,5 pt)

Au cours de la journée, vous absorbez différentes boissons :

- au réveil un verre d'eau : 200 ml
- au petit déjeuner un grand bol de café : 350 cm^3
- à 10 heures un verre de jus d'orange : 30 cl
- avant 12 heures un verre d'eau : 2 dl
- au cours du repas trois verres d'eau : 6 dl
- après le repas un café : 12 cl
- à 16 heures un thé : 150 cm^3
- à 20 heures deux verres d'eau : 400 ml
- à 23 heures une tisane : 0, 250 l.

Quelles quantités : en litres, en cm^3, en ml avez-vous absorbé?

Question 10 (2 pts)

Le tableau ci-dessous représente les besoins alimentaires journaliers d'une femme enceinte et d'une d'une femme qui allaite.

10.1. Déterminer la quantité d'énergie apportée par les lipides dans le cas de la femme enceinte, sachant qu'un gramme de lipides produit 37,62 kJ.

	Femme enceinte	*Femme qui allaite*
Besoin en protides (en g)	105	118
Besoin en lipides (en g)	112	126
Besoin en glucides (en g)	378	402
Quantité d'énergie totale apportée (en kJ)	12 277	13 422

10.2. Une femme qui allaite consomme au déjeuner 120 g de viande. Sachant que la viande apporte 17 g de protides pour 100 g de viande, quelle est la quantité d'énergie apportée par les protides du morceau de viande? (1 g de protides produit 16,7 kJ).

Question 11 (2pts)

Pourquoi boit-on de l'alcool en quantité excessive? Quelles sont les conséquences possibles?

Question 12 (2,5 pts)

La prévention du sida par l'usage du préservatif est-elle une mesure facile à appliquer? Justifiez votre avis.

Sujet 4

Vous êtes aide-soignant(e) dans le service de médecine.

Vous travaillez ce jour de 7 à 15 heures et devez prendre en charge M. F., 40 ans, qui est hospitalisé dans votre unité depuis hier après-midi.

M. F. a été admis pour fin de vie suite à un sida déclaré.

Ses parents âgés qui le prenaient en charge depuis 1 mois ne peuvent plus assumer les soins qu'il requiert.

A l'arrivée : M. F. est très amaigri. Depuis 3 jours, il reste alité. Il présente une polypnée avec cyanose des extrémités et des signes de déshydratation. Bien que très affaibli, il est tout à fait conscient de son état.

Son traitement antalgique *per os* est efficace.

Ses parents souhaitent se relayer à tour de rôle à son chevet, la maman précisant qu'elle sera toujours présente le matin. Jusqu'à présent, elle effectuait la toilette de son fils vers 9 heures, en collaboration avec l'infirmière à domicile.

Dès l'entrée du patient, des matelas à eau et une fiche de soins préventifs d'escarres toutes les 3 heures, à type d'effleurage au *Sanyrène*, ont été mis en place.

Ce matin :

- A 7 heures, vous lisez dans le dossier de soins les informations suivantes : « M. F. s'est endormi vers 1 heure du matin. Il a dit à ses parents qu'il avait peur de mourir. Il se plaint d'avoir très soif (dort la bouche ouverte). A 5 heures, rougeur du talon gauche. »
- Lors des transmissions orales, l'infirmière vous demande de ne pas lever M. F. ce jour.

Question 1 (4 pts)

Définissez les termes : polypnée - déshydratation - cyanose - soins palliatifs.

Question 2 (5 pts)

Citez les précautions que vous observez afin d'éviter toute contamination lorsque vous réalisez des soins d'hygiène corporelle chez une personne atteinte du sida déclaré.

Question 3 (6 pts)

Énoncez les mesures que vous prenez sur votre lieu de travail lors d'une blessure accidentelle avec un objet.

Question 4 (2,5 pts)

Citez les étapes psychologiques que traverse une personne en fin de vie selon la théorie d'Elisabeth Kübler-Ross.

Question 5 (2,5 pts)

Énoncez les besoins de la personne en fin de vie.

Question 6 (10 pts)

Dans le cadre d'une participation à la démarche de soins :

- énoncez les besoins fondamentaux perturbés de M. F. pour ce jour, tout en les priorisant
- citez les actions que vous mettez en œuvre.

Corrigés

Sujet 1

Question 1

Annotation du schéma :

1. artère pulmonaire
2. veines pulmonaires
3. oreillette gauche
4. valve mitrale
5. ventricule gauche
6. ventricule droit
7. valvule tricuspide
8. veine cave inférieure
9. oreillette droite
10. veine cave supérieure
11. aorte
12. valvules sigmoïdes

Question 2

Infarctus du myocarde : nécrose (ischémique) d'un territoire coronarien.

Asthénie : fatigue importante.

Angine de poitrine : douleurs de poitrine dues à une insuffisance coronaire.

Mécanismes de la révolution cardiaque :

- 1er temps : la systole auriculaire : c'est la contraction des oreillettes (le sang qui remplissait les oreillettes est chassé dans les deux ventricules)
- 2e temps : la systole ventriculaire : contraction des ventricules (pendant que les oreillettes se relâchent, les ventricules se contractent et poussent le sang dans l'artère pulmonaire et l'aorte)
- 3e temps : la diastole générale : pause ou repos des oreillettes et des ventricules (c'est la période du repos du cœur, c'est le remplissage des oreillettes et la révolution cardiaque suivante se prépare).

Question 3

Besoins perturbés par ordre de priorité	*Actions*
Se mouvoir	Laisser en position demi-assise - l'installer confortablement Sonnette et tout le matériel à portée de main
Être propre, maintenir la température du corps, se vêtir et se dévêtir	Lui faire sa toilette au lit en évitant de le bouger, du fait de sa pathologie et de son état de fatigue Prévention d'escarres Lui mettre une chemise d'hôpital Surveiller la température et le pouls Vérifier les jambes (œdème, rougeur) risque de phlébite
Éliminer	Faire une toilette génitale rigoureuse (si désinfection, ne pas pénaliser) Établir la diurèse en relevant la quantité d'urine éliminée depuis la veille Noter si selles
Éviter les dangers	Surveiller le cathéter sous-clavier droit, le débit des flacons Dire à l'infirmière si pansement à changer ou flacon à changer Surveiller la sonde urinaire (sonde non coudée) aspect et coloration des urines

Besoins perturbés par ordre de priorité	*Actions*
S'alimenter	Le guider dans ses choix de menus Lui installer correctement son plateau, lui proposer de l'aider, voire l'aider
Dormir et se reposer	S'assurer qu'il peut se reposer dans la journée Comment dort-il la nuit?
Communiquer	Lui parler régulièrement - le rassurer - il est inquiet pour l'avenir - a peur de la récidive S'assurer qu'il a de la visite

Question 4

Prévenir l'infirmière qu'il n'est pas allé à la selle. M. X., de par sa pathologie, ne doit pas être constipé; en effet il ne doit pas faire d'effort même en poussant pour aller à la selle.

Question 5

Les transmissions :

- au niveau de sa toilette : la fatigue a-t-elle été augmentée au moment de la toilette?; son état cutané, apparition des rougeurs éventuelles; évaluation de l'état circulatoire, le degré, la dyspnée, coloration des téguments; état de fatigue par rapport à la veille
- quantité d'urines, aspect, couleur, courbe de diurèse
- insister sur le fait de sa constipation
- le débit de la perfusion
- s'assurer qu'il a bien pris son petit déjeuner
- préciser si son moral s'améliore par rapport à la veille.

Question 6

Le régime hypocalorique : il est établi pour faire maigrir. M. X. pèse 90 kg, ce qui n'est pas indiqué pour sa pathologie.

Exemple d'un menu type pour le repas de midi (menu hypocalorique) :

- crudités + vinaigrette avec 2 cuillères à café d'huile de tournesol
- 120 g de poisson cuit au court-bouillon
- légumes verts
- 1 yaourt nature
- 1 pomme moyenne
- pain.

Sujet 2

Question 1

Dyspnée : difficultés respiratoires.

Expectoration : rejet par la bouche de sécrétions bronchiques (crachats).

Cyanose : coloration bleutée des téguments.

Aérosol : projection d'un micro-brouillard médicamenteux ou de sérum physiologique dans les voies respiratoires.

Antibiothérapie : traitement médicamenteux par antibiotiques (substances antimicrobiennes).

Diurétique : substance médicamenteuse permettant l'augmentation de la sécrétion urinaire.

Question 2

Besoins fondamentaux perturbés :

- respiration
- thermorégulation
- mobilisation (problèmes circulatoires)
- élimination.

Question 3

3.1. *Préparation de l'aérosol :*

- 1 générateur (à air ou à oxygène)
- 1 nébuliseur (avec tuyau raccord)
- 1 masque (embout bucco-nasal)
- mouchoirs (usage unique)
- crachoir (usage unique)
- verre d'eau
- mettre le sérum physiologique dans le nébuliseur.

3.2. *Actions AS avant, pendant, après aérosol :*

- Avant :
  - proposer les toilettes
  - position confortable assise
  - faire moucher, tousser, cracher si utile
  - protéger avec mouchoir (usage unique)
  - régler le manomètre entre 4 et 6 l d'air ou d'oxygène/min
  - vérifier le fonctionnement : présence brouillard.
- Pendant :
  - tenir ou faire tenir l'aérosol devant nez + bouche
  - faire inspirer par le nez et expirer par la bouche
  - demander une respiration forcée toutes les 15 respirations
  - surveiller coloration du faciès, des téguments
  - prévenir IDE si problème ou malaise
  - durée totale 10 à 15 min (± 5 min).
- Après : vérifier efficacité :
  - par la toux : déclencher le réflexe de toux par des respirations forcées en insistant sur le temps expiratoire
  - par la présence d'expectorations : quantité

– faire rincer la bouche
– vérifier l'état général, conseiller un temps de repos
– faire les transmissions.
(Réponse acceptée : ne pas sortir dehors pendant 1/2 heure après l'aérosol.)

Question 4

Entretien du matériel d'aérosol :

• Décontaminer : immersion complète dans désinfectant (concentration et temps selon protocole).
• Nettoyer : détergent désinfectant, brossage en mettant des gants (usage unique).
• Rincer, sécher.

Question 5

Moyens d'administration de l'oxygène :

• La sonde nasale
• Les lunettes à oxygène
• Le masque
• La tente
• La canule d'intubation pour les trachéotomies.

Question 6

Annotation du schéma de l'appareil respiratoire :

Poumon droit avec 3 lobes, poumon gauche avec 2 lobes

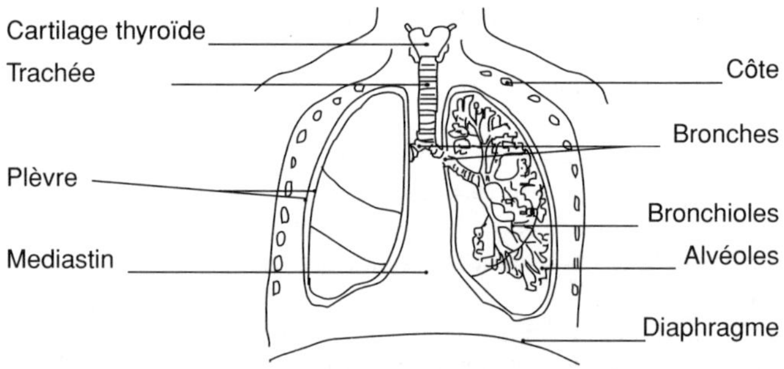

L'appareil respiratoire

Sujet 3

Question 1

A3, B1, C2, D4.

Question 2

Groupes sanguins : O - A - B - AB.

Question 3

Les cinq sens :
- la vue : l'œil
- l'ouïe : l'oreille
- l'odorat : le nez
- le goût : la langue
- le toucher : la peau.

Question 4

Vaccinations infantiles obligatoires en France :
- BCG
- tétanos
- diphtérie
- coqueluche
- poliomyélite.

Question 5

Aliments contenant des sucres lents :
- le pain
- les pâtes.

Aliments contenant des sucres rapides :
- le miel
- la confiture.

Question 6

a : 2, b : 4, c : 4, d : 3.

Question 7

Annotation du schéma de la dent :

1. émail
2. ivoire
3. pulpe
4. cément
5. vaisseaux et nerfs de la dent
6. couronne
7. collet
8. racine

Question 8

Cinq précautions d'hygiène de vie pour prévenir la maladie cardio-vasculaire :
- tabac : pas d'abus surtout chez la femme prenant des contraceptifs oraux
- alimentation : faible en lipides et glucides
- poids : éviter la surcharge pondérale, essoufflement

• sédentarité : favoriser la marche pour tonifier l'appareil cardio-vasculaire
• limiter le stress : effets néfastes sur le système cardio-vasculaire.

Question 9

2,570 l ou 2 570 cm^3 ou ml.

l	*dl*	*cl*	*cm³ ou ml*
	2	0	0
	3	5	0
	3	0	0
	2	0	0
	6	0	0
	1	2	0
	1	5	0
	4	0	0
0	2	5	0
2	5	7	0

Question 10

10.1. *Besoin en lipides chez la femme enceinte :* 112 g.
Quantité d'énergie apportée par les lipides : $112 \times 37{,}62 = 4\,213{,}44$ soit 4 213,44 kJ.

10.2. La viande contient 17 g de protides pour 100 g de viande :

$$\frac{17}{100} = \frac{x}{120}$$

$$x = \frac{17 \times 120}{100}$$

$x = 20{,}4$ soit 20,4 g de protides
Quantité d'énergie apportée par la viande :
$20{,}4 \times 16{,}7 = 340{,}68$ soit 340,68 kJ.

Question 11

Les raisons :
• habitudes familiales, professionnelles
• assimilation à un groupe : faire comme les autres pour être accepté
• avoir de l'assurance, vaincre sa timidité, s'amuser
• oublier des soucis d'ordre divers
• par ennui, oisiveté, sentiment d'inutilité.

Les conséquences : ivresse, alcoolisme qui entraînent :
• des accidents (route, travail…)
• de la violence verbale et physique contre le conjoint, les enfants, autrui, pouvant aller jusqu'au meurtre
• des actes incohérents : dégradations diverses, vandalisme, incendies
• la perte de l'emploi
• la destruction du foyer.

Question 12

Oui :
• utilisation simple
• coût modique
• efficacité certaine
• nombreux lieux de délivrance

Non :
• impossible à contrôler
• moyen trop souvent négligé par bravade
• goût du risque, inconscience
• sexualité : tabou, nécessité d'un changement de comportement

Sujet 4

Question 1

Polypnée : rythme respiratoire accéléré.
Déshydratation : perte de l'eau de l'organisme.
Cyanose : coloration bleue des téguments liée à une mauvaise oxygénation.
Soins palliatifs : ensemble des soins et soutiens destinés à accompagner un malade jusqu'aux derniers moments de sa vie.

Question 2

Précautions lors des soins à un patient atteint du Sida :
• Le soignant doit veiller à entretenir ses mains de façon à éviter coupures et crevasses
• Jeter tous les objets qui ont pu être contaminés de façon qu'ils ne soient pas manipulés ; exemple : rasoir à usage unique, serviettes, tampons hygiéniques, pansements…
• Utiliser brosse à dents, thermomètre, rasoir personnels à chaque malade
• Utiliser des gants pour :
  – la toilette intime
  – si la personne a des lésions exsudatives lors de la manipulation des liquides biologiques.

Question 3

En cas de blessure accidentelle :
• nettoyez la plaie immédiatement
• faire saigner
• appliquer un antiseptique : alcool à 70° ou *Bétadine* dermique ou, à défaut, de l'eau de Javel diluée

• prévenir la surveillante
• consulter un médecin sur le lieu de travail
• transmettre la déclaration d'accident dans les 48 heures au bureau du personnel.

Question 4

Les étapes psychologiques que traverse une personne en fin de vie selon la théorie d'Elisabeth Kübler-Ross :

• le déni
• l'irritation, la colère
• le marchandage
• la dépression
• l'acceptation.

Question 5

Les besoins de la personne en fin de vie :

• physique
• spirituel
• psychoaffectif
• socio-familial.

} possibilité de commentaire

Question 6

Les besoins fondamentaux perturbés de M. F. et les actions mises en œuvre :

• Boire et manger :
  – proposer régulièrement des boissons diversifiées : eau gélifiée, eau fraîche, lait, tisane… au choix, à planifier
  – proposer un petit déjeuner et le déjeuner selon ses goûts et à l'heure qui lui convient
  – avec la participation de la famille pour l'aide
  – installation confortable pour les repas
  – mise en place d'une surveillance des besoins et d'une surveillance alimentaire.
• Communiquer :
  – permettre à la famille d'être présente
  – adopter une attitude d'écoute vis-à-vis de la famille
  – être à l'écoute de M. F. (verbal, non verbal) lui permettre d'exprimer sa peur
  – ménager des temps de parole à M. F. et à ses parents
  – privilégier le toucher.
• Respirer :
  – installation demi-assise, confortable
  – surveiller cyanose, rythme respiratoire
  – installer un nébulisateur à ultra-sons.
• Être propre, protéger ses téguments :
  – toilette complète avec participation de la maman à 9 heures :

  - gants pour toilette intime
  - vérifier si M. F. a apporté son nécessaire de toilette personnel
  - si possible l'habiller avec ses effets personnels selon ses goûts
  - soins de bouche toutes les 2 heures à instituer avec un produit que M. F. tolère
  - surveiller la muqueuse buccale.
- – Soins préventifs d'escarres toutes les 3 heures :
  - changement de positions selon l'état de M. F. (en privilégiant le confort)
  - surveiller l'état cutané
  - avec le coussin, mettre le talon gauche en décharge.

• Dormir, se reposer
- – ménager des temps de repos, sieste…
- – en début de nuit, entourer M. F., l'écouter
- – proposer tisane, massage de confort…
- – évaluer quantité et qualité du sommeil.

Pour tous ces besoins réaliser des transmissions écrites et orales.

Région : Franche-Comté

Sujet

Question 1 (5 pts)

Mme Dumont est hospitalisée en service de chirurgie où vous reprenez votre travail après quelques jours de vacances.

1.1. A partir de la feuille de température ci-jointe (p. 93), répondez aux questions qu'une élève aide-soignante vous pose :

Quel jour Mme Dumont a-t-elle été opérée?				
Quel est le pouls de Mme Dumont?	10 janvier		11 janvier	
	Matin	Soir	Matin	Soir
Quelle est la température de Mme Dumont?	9 janvier		10 janvier	
	Matin	Soir	Matin	Soir
Quelle est la diurèse de Mme Dumont?	10 janvier		11 janvier	
Mme Dumont a-t-elle eu le retour de son transit?	Entourez la bonne réponse Oui Non			

1.2. Définissez les termes : hyperthermie - hystérectomie.

1.3. Le mari de Mme Dumont vous signale, lors de la réfection du lit à 16 heures, que sa femme souffre sans oser se plaindre.

Compte tenu de cette information, sur quoi portera votre observation pour effectuer des transmissions significatives à l'infirmière?

Question 2 (5 pts)

Vous êtes aide-soignant(e) dans un service de chirurgie. Ce matin, vous recevez Mme M., 65 ans, pour une chute sur la voie publique ayant entraîné de nombreuses érosions cutanées et une fracture du tibia et du péroné de la jambe droite.

L'infirmière vient d'informer Mme M. qui n'est pas à jour avec ses vaccinations, qu'il va lui être fait une injection du vaccin et une injection de gamma-globulines antitétaniques (séroprophylaxie). Mme M. vous demande de lui préciser ce qu'on va lui faire.

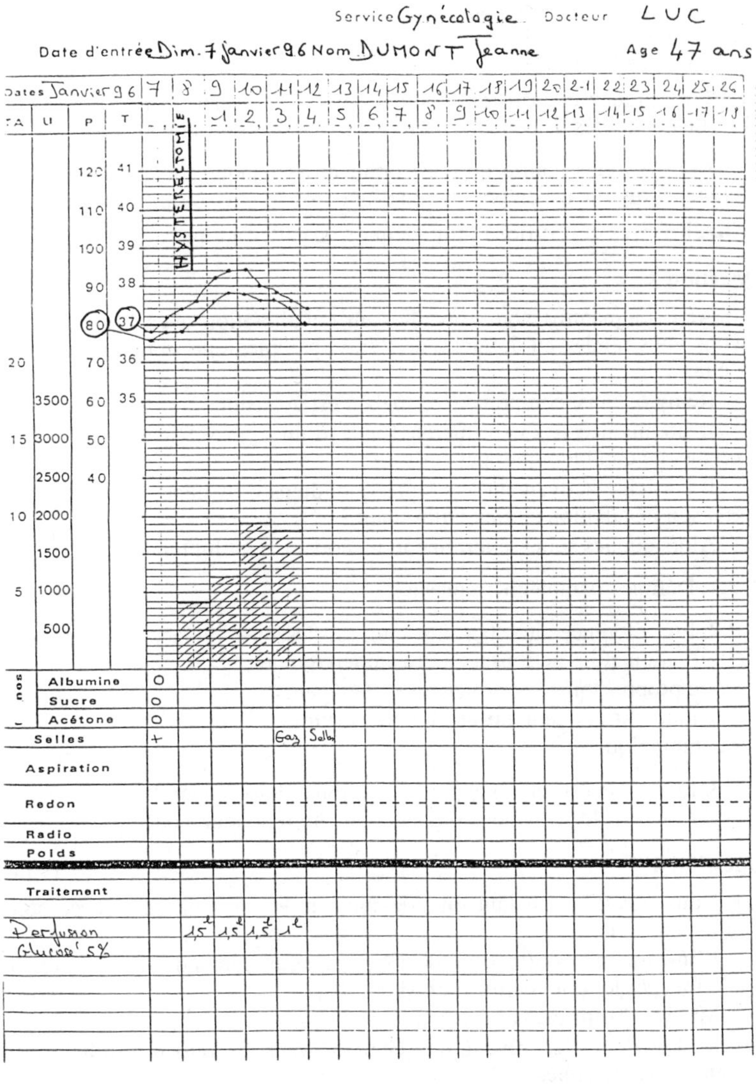

La feuille de température de Mme Dumont

2.1. Répondez à Mme M. en lui expliquant la différence qui existe entre vaccin et gamma-globuline.

Une immobilisation plâtrée de la jambe droite a été mise en place par le chirurgien. L'infirmière vous délègue la surveillance de Mme M. à son retour dans le service.

2.2. Expliquez et justifiez la surveillance au niveau du plâtre que vous allez mener auprès de cette personne au cours de ces premières heures.

Mme M. vous confie qu'elle sortait de la banque lorsqu'elle a fait sa chute, et qu'elle est en possession d'une importante somme d'argent.

2.3. Précisez et justifiez l'attitude que vous allez adopter.

Question 3 (5 pts)

Aide-soignant(e) vous travaillez en collaboration avec l'infirmière et vous vous rendez au domicile de Rémy, paraplégique suite à un accident de la route.

Rémy, 22 ans, comprend tout mais il est aphasique.

Il commence à s'exprimer à l'aide d'un appareil à touches qui lui permet de communiquer par écrit.

Il participe activement aux soins quotidiens d'hygiène, à son habillage et à son installation au fauteuil roulant.

Alors que les soins se terminent, un copain vient lui rendre visite.

3.1. Définir : paraplégie - aphasie.

3.2. En référence aux besoins cités ci-dessous, énoncez les éléments d'observation et les actions à mettre en œuvre pour :

- être propre, soigné et protéger ses téguments
- se mouvoir et maintenir une bonne posture
- communiquer.

3.3. Le copain est intéressé par la fonction aide-soignant. Il vous demande d'expliquer le rôle d'un aide-soignant. Que lui répondez-vous?

Question 4 (7 pts)

Vous travaillez en tant qu'aide-soignant(e) dans un service de soins infirmiers à domicile.

L'infirmière coordinatrice de l'équipe vous demande de vous rendre une fois par jour, le matin, chez M. et Mme D.

Mme D., 70 ans est valide.

M. D., 75 ans, est revenu hier chez lui après 10 jours d'hospitalisation pour prostatectomie.

Avant son intervention, il était pris en charge par votre service pour une aide partielle au lever et à la toilette, à cause de sa maladie de Parkinson qui évolue depuis 8 ans et entraîne une perte d'autonomie progressive. (Il marche avec aide et présente des tremblements et raideurs des membres supérieurs.)

Depuis l'âge de 60 ans, M. D. est atteint également d'un diabète sucré non insulino-dépendant traité par hypoglycémur oraux et un régime alimentaire adapté.

Il dispose d'un lit médicalisé.

Ce matin, Mme D. vous signale son inquiétude concernant son mari qui présente une rougeur importante au niveau du sacrum et une incontinence urinaire depuis son retour.

4.1. Donnez la définition des mots : prostatectomie - glycémie - incontinence - diurèse.

4.2. Quelles précautions générales d'hygiène corporelle sont à respecter pour M. D. qui est diabétique et pourquoi?

4.3. Citez les moyens de prévention des escarres adaptés à M. D.

4.4. Citez au moins deux objectifs du maintien à domicile.

Question 5 (3 pts)

Une élève aide-soignante effectue son premier stage dans le service où vous travaillez. Elle vous demande :

- « Qu'est-ce que le dossier de soins? »
- « A quoi servent les transmissions? »

Que lui répondez-vous?

Question 6 (5 pts)

M. Caron, 75 ans, est admis en service de pneumologie pour une infection pulmonaire.

Ce matin, il présente :

- une température à 38,7 °C, accompagnée de sueurs
- une légère cyanose des extrémités
- une dyspnée
- des vertiges en station debout
- une asthénie
- une toux productive.

Parmi les prescriptions médicales, on relève :

- lever au fauteuil deux fois par jour pendant 30 minutes
- prise de température matin, midi et soir.

Vous travaillez de 7 à 15 heures et vous collaborez à la prise en charge de M. Caron.

6.1. Compte tenu des informations dont vous disposez, justifiez pourquoi les besoins ci-dessous doivent être pris en compte :

- respirer
- se mouvoir et maintenir une bonne posture
- se vêtir et se dévêtir
- maintenir la température du corps dans les limites normales.

Corrigé

Question 1

1.1.

Quel jour Mme Dumont a-t-elle été opérée?	*Lundi 8 janvier 1996*			
Quel est le pouls de Mme Dumont?	10 janvier		11 janvier	
	Matin	Soir	Matin	Soir
	88	*86*	*86*	*84*
Quelle est la température de Mme Dumont?	9 janvier		10 janvier	
	Matin	Soir	Matin	Soir
	38,2°	*38,4°*	*38,4°*	*38*
Quelle est la diurèse de Mme Dumont?	10 janvier		11 janvier	
	1,9 l		*1,8 l*	
Mme Dumont a-t-elle eu le retour de son transit?	Entourez la bonne réponse (Oui) entouré — Non			

1.2. *Définitions :*

Hyperthermie : élévation de la température du corps ou d'une partie du corps au-dessus de la normale.

Hystérectomie : ablation totale ou partielle de l'utérus.

1.3. *L'évaluation de la douleur* repose sur l'écoute :

- être attentif à ce qui est dit :
  - mots employés (coup de poignard, torsion…)
  - localisation
  - circonstances d'apparition
  - fréquence de la douleur
  - retentissement de la douleur sur la vie (sommeil, déplacements…)
- entendre ce qui n'est pas dit :
  - intonation de la voix
  - silences
  - attitudes posturales
  - l'expression, la mimique.

Question 2

2.1. *Le vaccin* est une substance qui, introduite dans l'organisme, permet à celui-ci d'élaborer des anticorps. Il confère une immunité active, différée dans le temps, et de longue durée.

Les gamma-globulines apportent des anticorps toujours d'origine humaine. Elles confèrent une immunité immédiate, passive, et de courte durée.

2.2. A son retour, la surveillance doit viser essentiellement à déceler une compression qui se manifeste par :

- des fourmillements et un œdème des extrémités
- une cyanose ou une pâleur des extrémités
- une douleur
- un refroidissement des extrémités.

2.3. Expliquer à Mme M. qu'il n'est pas prudent de garder son argent avec elle. L'informer qu'il existe un coffre à l'hôpital réservé à cet usage. Aviser la surveillante du problème. C'est la surveillante qui viendra comptabiliser la somme d'argent en présence d'un témoin et qui établira un relevé signé, et déposera la somme d'argent au coffre de l'hôpital.

Question 3

3.1. *Définitions :*
Paraplégie : paralysie des membres inférieurs.
Aphasie : perte totale ou partielle de la parole.

3.2. *Éléments d'observations et actions à mettre en œuvre*

Besoins	*Éléments d'observation*	*Actions*
Être propre, soigné, protéger ses téguments	Observer l'état de la peau, notamment au niveau des points d'appui (coudes, talons...) Dépister toute rougeur ou anomalie du revêtement cutané	Après savonnage, essuyer consciencieusement et effectuer des préventions d'escarres prolongées Solliciter son concours pour les retournements
Se mouvoir et maintenir une bonne posture	Observer la position des membres afin d'éviter les attitudes vicieuses	Utiliser des coussins ou blocs en mousse pour caler ou maintenir les membres en bonne position ex. : pieds à angle droit
Communiquer	Observer sa capacité à communiquer avec autrui ou au contraire à vouloir se replier sur soi	L'inciter à s'exprimer à l'aide de son appareil en prenant le temps nécessaire Le féliciter pour les progrès réalisés

3.3. *Rôle d'un aide-soignant :* il contribue à la prise en charge des soins de personnes soignées afin de répondre aux besoins d'entretien et de continuité de la vie et à compenser un manque ou une diminution d'autonomie de la personne.

Question 4

4.1. *Définitions :*
Prostatectomie : ablation de la prostate.
Glycémie : taux de sucre dans le sang.
Incontinence : émission involontaire des urines.
Diurèse : quantité d'urines émises en 24 heures (ou sur un temps donné).

4.2. *Précautions générales d'hygiène corporelle à respecter pour M. D. qui est diabétique :*

L'hygiène est importante pour prévenir un risque infectieux fréquent chez le diabétique. Il faut :

- surveiller l'état dentaire
- faire la toilette avec soin, bien sécher pour éviter les macérations surtout au niveau des pieds
- dépister les lésions au niveau de la peau et des plis cutanés
- surveiller rigoureusement les pieds : aspect de la peau, couleur, chaleur
  - limer les ongles des pieds au carré
  - si ongle difficile à couper, ou durillon : faire appel à un pédicure
- changer quotidiennement de chaussettes
- prévoir des chaussures bien adaptées (bonne semelle).

4.3. *Les moyens de prévention adaptés à M. D. contre les escarres*
M. D. présente une rougeur importante : 1er stade de l'escarre. Il faudra :

- des changes fréquents car M. D. est incontinent (hygiène rigoureuse)
- des soins préventifs d'escarres : massages larges, plusieurs fois/jour dans la région des points d'appui
- des changements de position réguliers
- lever au fauteuil
- l'encourager pour que M. D. marche avec l'aide de sa femme
- informer Mme D. afin de :
  - lui expliquer la nécessité des changes, comment faire le massage et l'intérêt du changement de position
  - d'envisager des aides techniques à disposition (potence, clinipots, change, urinal, pénilex).

4.4. *Buts du maintien à domicile :*

- faciliter le retour à domicile après une hospitalisation
- maintenir une certaine autonomie et respecter l'attachement de la personne à son environnement
- retarder l'admission dans un service de cure médicale ou long séjour
- favoriser la qualité de vie
- apporter une aide spécifique pour accomplir les actes essentiels de la vie.

Question 5

Dossier de soins : document unique et individualisé regroupant l'ensemble des informations concernant la personne soignée.

Buts des transmissions : permettre
• à chaque membre de l'équipe de connaître des éléments nécessaires pour dispenser des soins adaptés à l'état de santé d'une personne
• une continuité des soins (suivi de la personne)
• une qualité des soins (les informations ne sont pas perdues, permettent d'évaluer et de réajuster)
• de responsabiliser les membres de l'équipe.

Question 6

6.1.

Besoins	*Actions*
• Respirer Dyspnée Toux productive Cyanose	Installation en position à demi-assise dans son lit Laisser à sa portée de main : crachoir + cellulose Observer l'évolution des signes = dyspnée, cyanose, toux Sonnette à portée de main
• Se mouvoir et maintenir une bonne posture Asthénie Vertiges en station debout Lever au fauteuil 2 fois par jour	Lui recommander de ne jamais se lever seul Le lever en le maintenant L'installer au fauteuil après la toilette ou au moment du repas et l'y laisser 30 minutes L'installer confortablement au lit Sonnette à disposition
• Se vêtir et se dévêtir Asthénie Dyspnée Transpiration	L'aider à s'habiller après la toilette Pyjama ample ou chemise ouverte pour ne pas entraver la respiration Changer le pyjama ou la chemise ouverte minimum matin et soir
• Maintenir température	Prendre température le matin, à midi et transmettre Éviter de trop le couvrir Observer l'évolution des sueurs
	Transmettre toutes les actions et observations dans le dossier de soins

Région : Ile-de-France

Sujet

Question 1 (5,5 pts)

Aide-soignant(e) en service de chirurgie digestive, vous vous occupez de M. S., 70 ans, entré depuis la veille pour une suspicion d'occlusion intestinale.

M. S. est à jeun, porteur d'une sonde gastrique reliée à une poche en déclive. Il est perfusé à l'avant-bras droit et possède une sonde vésicale posée à son arrivée car il était en rétention d'urines.

1.1. Expliquez en quelques mots où est positionnée la poche reliée à la sonde gastrique de M. S.

1.2. L'infirmière vous a demandé de bien noter si M. S. a des selles ou des gaz. Pourquoi?

1.3. L'infirmière vous demande aussi de profiter de votre passage pour changer la poche à urines. Que faites-vous?

1.4. M. S. vous dit qu'il a terriblement soif et la bouche très sèche. Que faites-vous?

1.5. Il vous dit, par ailleurs, que son bras droit le fait souffrir. Que faites-vous?

Question 2 (4 pts)

Mme A., 25 ans, primipare, a accouché à 36 semaines d'un petit garçon de 2,5 kg. L'accouchement s'est déroulé normalement; une épisiotomie a été pratiquée.

Mme A. a choisi d'allaiter son bébé et elle a pu le mettre au sein dès la salle d'accouchement.

Nous sommes le lendemain de l'accouchement. Mme A. et son bébé vont bien. Mme A. est simplement un peu inquiète car son bébé a perdu un peu de poids. Elle craint de ne pas avoir assez de lait pour le nourrir.

2.1. Répondez aux questions suivantes en donnant quelques explications :
- combien Mme A. a-t-elle d'enfants?
- Mme A. a-t-elle accouché à terme?
- Mme A. demande une petite toilette. Que faites-vous? Expliquez pourquoi
- comment s'appelle la sécrétion précédant la montée de lait?
- que pouvez-vous expliquer pour rassurer Mme A.?

2.2. Citez trois conseils que vous pouvez donner à Mme A. concernant son alimentation.

2.2. Mme A. n'a pas de mutuelle. Elle s'inquiète de ce qu'elle aura à payer à sa sortie. Que pouvez-vous lui expliquer par rapport à la prise en charge?

Question 3 (10 pts)

Vous vous occupez de M. Y., 52 ans, percevant le RMI, hospitalisé pour équilibrer son diabète traité par insuline.

M. Y. est coopérant, aime discuter mais est réticent quant aux soins d'hygiène et au régime alimentaire.

3.1. L'infirmière vous demande, avant le repas de faire une glycémie capillaire («dextro») et une analyse d'urine avec recherche d'acétone et de sucre à M. Y.

Que lui répondez-vous? Justifiez votre réponse.

3.2. Vous vous apercevez en débarrassant son plateau-repas de midi, que M. Y. n'a pas mangé son morceau de pain, ni ses pâtes; M. Y. a uniquement mangé son entrée de crudités et sa grillade.

Que faites-vous et pourquoi?

Donnez à M. Y. des conseils d'hygiène alimentaire qu'il devra respecter à sa sortie.

3.3. Vous surprenez M. Y. en train de fumer dans sa chambre.

• Quelle est votre réaction? Justifiez votre réponse.

En matière de santé publique, des mesures ont été mises en place pour lutter contre le tabagisme.

• Citez quatre mesures qui vous paraissent les plus importantes.

Une de vos collègues, travaillant dans un autre service, vient vous dire bonjour et reconnaît en passant dans le couloir M. Y. Elle vous dit que c'est son voisin de palier et vous demande pourquoi celui-ci est hospitalisé.

• Que lui répondez-vous?

M. Y. doit être pesé tous les matins. Une élève aide-soignante dont vous assurez l'encadrement vous demande quelles sont les règles à appliquer concernant la pesée.

• Citez ces règles.

Question 4 (6,5 pts)

Vous travaillez dans un service de long séjour où se trouve Mme D., 82 ans. Cette dame vient de son domicile où elle bénéficiait des services de soins à domicile.

Elle est porteuse d'un anus artificiel gauche. Ce jour, elle fait un accident vasculaire cérébral et présente un état semi-comateux. Elle a une hémiplégie droite et une aphasie. L'infirmière installe une oxygénothérapie à un débit de 3 l/min et vous demande d'en surveiller le bon déroulement.

4.1. Expliquez ce qu'est le long séjour.

4.2. Quels sont les buts du service de soins à domicile.

4.3. Donnez la définition de chacun des mots suivants : anus artificiel gauche - hémiplégie droite - aphasie.

4.4. Quels sont les éléments indispensables à surveiller pour s'assurer du bon déroulement de l'oxygénothérapie?

Question 5 (1,5 pts)

Définissez les termes suivants : désorientation temporo-spatiale - germe pathogène - épistaxis.

Question 6 (2,5 pts)

Ci-dessous une série d'affirmations concernant un enfant. Mettez une croix dans la colonne « vrai » ou dans la colonne « faux » selon le cas, considérant que ces affirmations concernent un enfant de 6 mois dont le développement et les besoins sont tout à fait normaux.

Développement d'un enfant de 6 mois :

	Vrai	Faux
a) fait les marionnettes	☐	☐
b) prend ses pieds dans ses mains	☐	☐
c) prononce un mot de deux syllabes	☐	☐
d) fait la différence entre visages familiers et visages étrangers	☐	☐
e) joue à jeter ses jouets pour qu'un adulte les lui ramasse	☐	☐
f) tient assis sans soutien pendant 10 minutes	☐	☐
g) boit du lait 2e âge (donné au biberon)	☐	☐
h) peut manger du petit suisse donné à la petite cuillère	☐	☐
i) peut manger 30 grammes de poisson par jour, donné à la petite cuillère	☐	☐

Corrigé

Question 1

1.1. En contrebas ou en dessous du plan du matelas.

1.2. *Occlusion :* arrêt des matières et des gaz contenus dans l'intestin. L'apparition de selles ou gaz témoignerait d'une reprise du transit.

1.3. Expliquer à l'IDE que ça n'est pas du ressort de l'AS.

1.4. Lui expliquer qu'il ne peut pas boire car il est à jeun.
- Lui proposer un soin de bouche.
- Transmettre oralement à l'IDE et par écrit.

1.5.

• Observer l'avant-bras droit et voir s'il n'y a pas rougeur ou gonflement, induration et si le pansement est propre.

• Observer le débit.

• Dire à M. S. que l'IDE va être informée de tout cela immédiatement.

• Transmettre oralement et par écrit, à l'infirmière.

Question 2

2.1.

• 1 seul

• Non - Mme A. a accouché avec un peu d'avance. La durée normale de la grossesse étant comprise entre 37 et 41 semaines.

• J'explique à Mme A. que je ne peux pas lui faire moi-même puisque cette petite toilette doit être stérile (épisiotomie). Je préviens l'infirmière de sa demande.

• Le colostrum.

• Mme A. ne doit pas s'inquiéter. La perte de poids de son bébé est tout à fait normale. Il reprendra normalement son poids au bout de 7 jours environ.

2.2. *Conseils d'hygiène alimentaire pour femme allaitante :*

• boire abondamment

• manger des laitages, du fromage

• éviter les aliments au goût trop fort (selon réaction du bébé)

• limiter la consommation de café

• ne pas fumer, ne pas boire d'alcool

• ne pas prendre de médicaments sans avis médical.

2.3. Je lui expliquerai qu'elle ne doit pas s'inquiéter. La maternité est prise à 100 % par la Sécurité sociale (et il n'y a pas de forfait journalier à payer).

Question 3

3.1. La glycémie capillaire ne peut pas être effectuée par l'aide-soignant(e). Cet acte ne fait pas partie de ses compétences et ne peut donc lui être délégué. En revanche, il/elle peut effectuer la glycosurie et cétonurie.

3.2. Je vais transmettre à l'infirmière que M. X. n'a pas mangé ses aliments riches en sucres à assimilation lente. J'essaie de le convaincre de finir son plateau en lui expliquant qu'il risque de faire une hypoglycémie.

Conseils d'hygiène alimentaire pour diabétique :

• repas pris à l'heure régulière (ne pas sauter un repas)

• pas de sucre à assimilation rapide

• éviter les sauces et les graisses

• répartition des glucides sur la journée.

3.3. *Réactions :* je lui dis qu'il est interdit de fumer dans les chambres (risque d'explosion du fait des prises murales à oxygène) et qu'il est interdit de fumer dans les lieux publics. J'en avise la surveillante ou l'infirmière.

Mesures contre le tabagisme :
- interdiction de fumer dans les lieux publics
- augmentation du prix du tabac
- interdiction des campagnes publicitaires
- informations des méfaits du tabac sur les paquets de cigarettes.

Secret professionnel :
Étant tenu au secret professionnel selon l'article 226-13 du Code pénal, je ne peux divulguer des informations concernant l'état de santé des malades.

Règles à appliquer concernant la pesée :
- la pesée doit s'effectuer tous les matins, à la même heure
- sur la même balance
- dans la même tenue vestimentaire
- à jeun
- inscrire le poids sur la feuille de température ou dossier de soins.

Question 4

4.1. *Le long séjour :*
- hébergement définitif
- personnes dépendantes
- financement par la personne âgée, la famille ou l'aide sociale pour l'hébergement
- financement par l'assurance maladie pour la prise en charge des soins.

4.2. *Les buts du service de soins à domicile :*
- éviter l'hospitalisation des personnes âgées en phase aiguë
- faciliter les retours à domicile après hospitalisation
- prévenir ou retarder la dégradation et l'admission en maison de retraite ou long séjour.

4.3. *Définitions*

Anus artificiel gauche : abouchement du côlon à la peau (fosse iliaque gauche) pour permettre l'évacuation des selles.

Hémiplégie droite : paralysie totale ou partielle de la moitié droite du corps.

Aphasie : incapacité à traduire la pensée par des mots.

4.4. *Surveillance*
- Installation, matériel :
  - branchements
  - fixation de la sonde
  - bulles dans le réservoir humidificateur
  - débit affiché sur manomètre.

- Personne :
  - coloration
  - respiration (fréquence)
  - mouvement
  - ailes du nez
  - réactions :
    - agitation, sueurs
    - tachycardie.

Question 5

Désorientation temporo-spatiale : perte des repères dans le temps et dans l'espace.

Germe pathogène : germe qui entraîne des maladies.

Épistaxis : saignement provenant des fosses nasales.

Question 6

b, d, g, h : vrai ; a, c, e, f, i : faux.

Région : Languedoc-Roussillon

Sujet

Question 1 (2 pts)

Annotez le schéma du squelette de l'homme (voir page suivante).

Question 2 (2 pts)

Donnez la définition des mots suivants : aménorrhée - cécité - coxarthrose - gériatrie - hémiplégie - incontinence - mélæna - myalgie - phlébite - polypnée.

Question 3 (4 pts)

3.1. Citez les étapes mécaniques de la digestion.

3.2. Énumérez les groupes d'aliments.

3.3. Donnez la définition et les buts du régime sans résidu.

3.4. Relevez dans la liste ci-dessous, les aliments et les boissons autorisés pour une personne ayant un régime sans résidu strict :

- eau de cuisson des légumes
- tomates crues, omelette aux lardons
- riz, œuf dur, steak grillé
- salsifis, haricots verts
- poisson au court bouillon, bœuf en daube
- roquefort
- orange, gelée de groseille
- eau naturelle, eau gazeuse.

Question 4 (2 pts)

4.1. Citez les trois types d'admission en psychiatrie.

4.2. Expliquez en une ou deux phrases les modalités de chacune de ces admissions.

Question 5 (10 pts)

Vous travaillez dans le service de rééducation, et vous vous occupez de M. Retor, âgé de 73 ans, taille 1,69 m, poids 45 kg. Il est hospitalisé pour lombalgie récidivante, et doit rester alité. M. Retor présente une douleur et une rougeur à la malléole externe gauche, et au sacrum.

5.1. Quels constats faites-vous par rapport à l'état de santé de M. Retor?

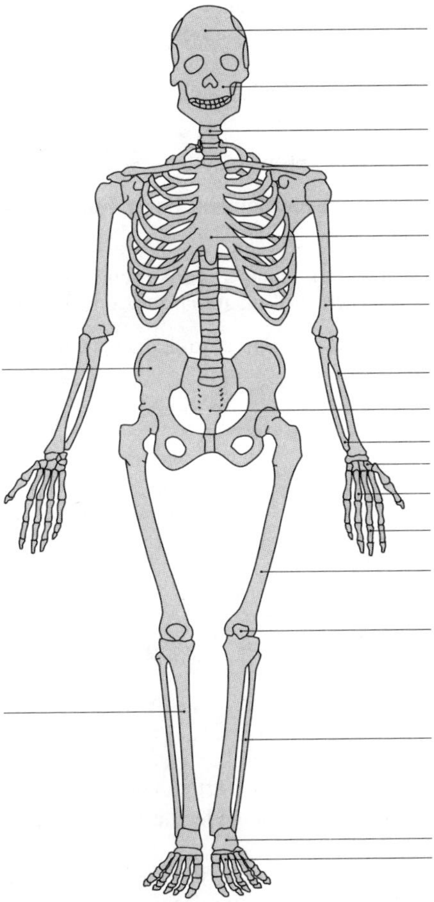

Le squelette de l'homme

5.2. Face à ce constat, énumérez les actions que vous mettez en place auprès de ce patient.

Question 6 (5 pts)

Vous travaillez comme aide-soignant de 13 à 20 h 30 dans le Service de Pneumologie du docteur Toussefort.

A 14 heures M. Durand, 82 ans, bronchitique chronique est admis pour un encombrement bronchique important avec polypnée, cyanose du visage et des ongles, et expectoration.

Le médecin prescrit une oxygénothérapie par sonde nasale à raison de 2 l/min en continu sur 24 heures. La prise d'oxygène est murale.

L'infirmière vous demande d'effectuer la surveillance de ce patient.

Une heure après son installation sous oxygène, M. Durand se plaint de ne plus sentir passer l'oxygène.

6.1. Citez les causes de ce problème.

6.2. Énumérez et justifiez les éléments de surveillance que vous contrôlez auprès de M. Durand.

Dans la soirée M. Durand sonne. Il vous montre son mouchoir en papier dans lequel il vient de cracher. Vous remarquez un filet de sang.

6.3. Expliquez vos gestes et votre attitude face à cette situation.

Corrigé

Question 1

Annotation du schéma du squelette humain (p. 109).

Question 2

Aménorrhée : absence de règles.
Cécité : perte de la vue.
Coxarthrose : dégénérescence de l'articulation de la hanche.
Gériatrie : c'est la branche de la médecine qui s'occupe plus spécialement des maladies des vieillards.
Hémiplégie : c'est la paralysie totale d'un côté droit ou gauche du corps.
Incontinence : émission involontaire des matières fécales ou d'urine.
Mélæna : c'est l'issue par l'anus de sang noir.
Myalgie : douleur musculaire.
Phlébite : inflammation d'une veine.
Polypnée : rythme accéléré de la respiration.

Question 3

3.1. *Étapes mécaniques de la digestion :*
- ingestion
- mastication au niveau de la bouche
- déglutition
- brassage au niveau de l'estomac
- progression du bol alimentaire par péristaltisme au niveau de l'intestin

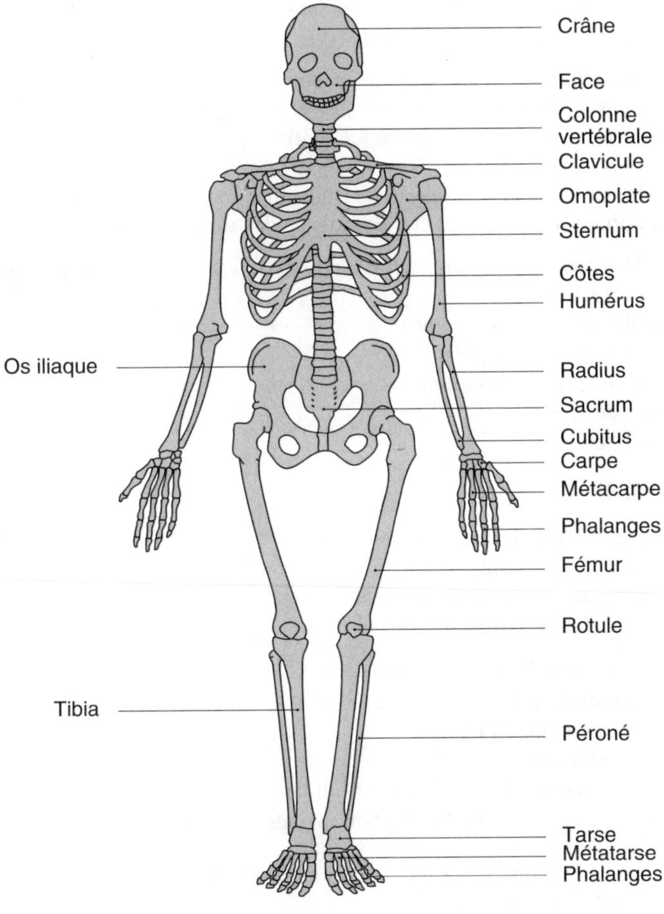

Le squelette de l'homme

• défécation
• ingestion et défécation (facultatif).

3.2. *Groupes d'aliments :*

• groupe I : laitage
• groupe II : viande, poisson, œuf
• groupe III : légumes et fruits

- groupe IV : céréales, féculents, légumes secs
- groupe V : les matières grasses.

3.3. *Définition et buts du régime sans résidu :*

- *définition :* le régime sans résidu est un régime sans fibres (cellulose) (sans graisse cuite, sans lactose facultatif)
- *buts :*
  - assurer la vacuité, propreté de l'intestin
  - diminuer la fréquence et l'abondance des selles (facultatif).

3.4. *Aliments et boissons autorisés pour une personne ayant un régime sans résidu strict :*

- eau de cuisson des légumes
- riz, œuf dur, steak grillé
- poisson au court-bouillon
- gelée de groseille
- eau naturelle.

Question 4

4.1. *Types d'admission en psychiatrie :*

- hospitalisation libre
- hospitalisation sur la demande d'un tiers
- hospitalisation d'office.

4.2. *Modalités de ces admissions :*

- Hospitalisation libre :
  - consentement du malade
  - certificat médical.
- Hospitalisation sur la demande d'un tiers :
  - il n'y a pas de consentement du malade, lettre manuscrite d'un demandeur (ami, famille, assistante sociale…)
  - 2 certificats médicaux datant de moins de 15 jours.
- Hospitalisation d'office :
  - non-consentement du malade
  - hospitalisation à la demande d'une autorité publique : préfet - maire - commissaire de police
  - les troubles mentaux compromettent l'ordre public et/ou la sécurité des personnes.

Question 5

5.1. *Constats :*

- ce patient est âgé : 73 ans
- taille 1,69 m, poids : 45 kg : il est grand et maigre
- sa pathologie : lombalgie récidivante, nécessite le repos au lit
- il présente des douleurs

• il est exposé aux risques d'escarres, en particulier, et aux risques du décubitus prolongé, en général

• il a une rougeur et une douleur à la malléole externe gauche, et au sacrum, premier stade de l'escarre.

Devant ce tableau, je constate que M. Retor est exposé à l'aggravation d'escarres du sacrum et de la malléole, et à l'extension d'escarres aux autres points d'appui. Ceci est lié à l'alitement, la maigreur, l'âge, l'immobilité due à la douleur, et également aux risques du décubitus prolongé : constipation, phlébite, infection urinaire et pulmonaire (encombrement), ankylose articulaire, fonte musculaire, perte du tonus musculaire, perte d'appétit, perturbation psychologique.

5.2. *Actions et surveillance (lombalgie récidivante) :*

• une hygiène corporelle et vestimentaire fréquente en favorisant l'autonomie de M. Retor selon ses capacités
• hygiène de la literie (draps propres, bien tirés)
• des massages aux points d'appui lors de la toilette et des changes
• une mobilisation active et passive en fonction de la tolérance de M. Retor par rapport à la douleur
• des changements de position : tenir compte de la douleur et de la tolérance à garder une position
• l'utilisation de moyens adaptés (matelas anti-escarres, arceau de lit, ...)
• proposer une alimentation en fonction de ses goûts et riche en fibres car risque de constipation (*cf.* la diététicienne pour régime hyperprotidique, équilibré, fractionné, car maigreur)
• apporter des boissons en quantité suffisante
• faciliter la communication, l'encourager.

Surveillance particulière :

• prises alimentaires (fiche de surveillance)
• boissons (1,5 l/j au minimum)
• poids (fiche de surveillance) (facultatif)
• état cutané (la rougeur et la douleur ne doivent pas s'aggraver mais régresser)
• douleur (le retourner ou pas)
• selles (fréquence, aspect...), les noter
• urines (quantité, aspect...)
• membres inférieurs (douleur, chaleur, œdème)
• psychisme (tristesse, sentiment d'inutilité dû à l'incapacité physique...).

Question 6

6.1. *Causes possibles :*

• tuyaux coudés, désadaptés
• débit arrêté
• sonde nasale n'est plus en place.

6.2. *Éléments de surveillance (bronchite chronique)*

Éléments de surveillance	*Justifications*
Propreté de la sonde État cutané du nez	Pour une meilleure perméabilité Pour éviter le risque d'escarres, favoriser le confort
Installation Liberté des voies aériennes Pas de vêtements trop serrés	Pour favoriser les échanges gazeux
Coloration des téguments Fréquence respiratoire Pulsations Sueurs céphalées Troubles du comportement	Pour s'assurer de l'efficacité du traitement

6.3. *Gestes et attitudes :*

- garder le mouchoir
- donner crachoir, mouchoir papier
- ne pas montrer d'affolement, sécuriser le patient
- demander les circonstances d'apparition
- prévenir l'infirmière.

Région : Limousin

Sujet

Question 1 (QCM) (4 pts)

Parmi les propositions suivantes, barrez à chaque fois celle qui ne convient pas.

- Dans le cycle menstruel normal, l'ovulation a lieu :
  - le 14e jour après le début des règles
  - le 14e jour après la fin des règles.
- Ce n'est pas l'orifice de communication de l'estomac avec le duodénum :
  - le cardia
  - le pylore.
- La période de repos des oreillettes et des ventricules est :
  - la diastole
  - la systole.
- Les veines qui ramènent le sang riche en CO_2 au niveau de l'oreillette droite sont :
  - les veines caves
  - les veines pulmonaires.
- Le squelette du poignet est :
  - le carpe
  - le métacarpe.
- La voie biliaire principale est :
  - le canal cholédoque
  - la vésicule biliaire.
- L'ensemble des mouvements qui font passer le bol alimentaire de la bouche dans l'estomac, s'appelle :
  - une diastase
  - la déglutition.
- Le mécanisme d'arrêt des hémorragies, c'est :
  - l'hématose
  - l'hémostase.
- Il est l'organe essentiel de la phonation :
  - le pharynx
  - le larynx.
- Il ou elle est élastique et ses courbures peuvent se modifier :
  - le cristallin
  - la cornée.

- C'est le conduit qui va du bassinet à la vessie :
  - l'uretère
  - l'urètre.
- On l'appelle aussi système nerveux autonome :
  - le système nerveux cérébro-spinal
  - le système nerveux végétatif.
- C'est à son niveau que s'effectue la perception des sons :
  - l'oreille moyenne
  - l'oreille interne.
- Il permet l'accroissement de l'os en longueur :
  - le cartilage articulaire
  - le cartilage de conjugaison.
- La bile est sécrétée par :
  - les cellules hépatiques (du foie)
  - la vésicule biliaire.
- Ce n'est pas l'extrémité d'un os long :
  - l'épiphyse
  - la diaphyse.

Question 2 (3 pts)

Complétez le texte suivant :

La contraction ou le relâchement des fibres musculaires lisses constituant la paroi artérielle entraîne des modifications de calibre de ce vaisseau. Ces modifications constituent la .... Lorsque le calibre diminue, il s'agit de la ...., lorsque le calibre augmente, il s'agit de la ....

La dent est constituée par une substance très dure, ..., recouvert au niveau de la couronne par une substance protectrice, ... et au niveau de la racine par le ....

L'ensemble des organes du tube digestif est entouré par une enveloppe spéciale appelée .... Celui-ci présente deux feuillets : le feuillet .... et le feuillet ....

L'appétit est une sensation qui provoque le désir de .... L'appétit est stimulé par la vue, le goût, l'odeur des aliments. L'absence d'appétit est ...., son excès est la ....

Question 3 (3,5 pts)

Mlle Jeanne, 28 ans, célibataire, actuellement au chômage, vient d'être hospitalisée à la demande d'un tiers (ses parents) car depuis plusieurs semaines, elle présentait :

- des <u>insomnies</u>
- de l'<u>anorexie</u>

accompagnées de troubles de l'affectivité et de l'humeur.

Le médecin hospitalier a diagnostiqué une <u>psychose</u> (mélancolie).

A l'élève en stage dans le service, en collaboration avec l'infirmière, vous devez :

3.1. Définir les termes soulignés.

3.2. Indiquer quelles sont les conditions d'admission d'un placement à la demande d'un tiers.

3.3. Citer les deux autres modes d'hospitalisation existant pour l'admission dans un service psychiatrique et les conditions d'admission.

3.4. Préciser quelles sont les précautions particulières à prendre chez une patiente mélancolique.

Question 4 (5 pts)

Dans une unité de soins, le personnel hospitalier doit respecter un certain nombre de précautions en matière d'hygiène personnelle tant sur un plan corporel que vestimentaire.

Citez ces précautions et expliquez en quoi elles sont importantes.

Question 5 (7 pts)

Aide-soignant(e) dans un service de gynécologie, vous travaillez en collaboration avec une infirmière et vous vous occupez plus particulièrement de deux patientes partageant la même chambre :

• Mme Alice, 60 ans, qui présentait des métrorragies : cette patiente présente une descente d'organe (de l'utérus), depuis plusieurs années. Son médecin traitant l'a fait hospitaliser pour des examens complémentaires.

• Mme Annette, 45 ans, mariée (mère d'une fille de 16 ans), ayant subi une mastectomie droite le 15 janvier 1996. Mme Annette, encore fatiguée, nécessite de l'aide pour assurer ses soins d'hygiène. Sa sortie est prévue et elle appréhende beaucoup de rentrer chez elle et de devoir faire appel à son entourage familial pour assurer ses soins d'hygiène.

Ce matin, en prenant votre travail, au moment des transmissions, la fille de Mme Annette a téléphoné pour savoir comment sa maman avait passé la nuit. Au téléphone, elle en a profité pour vous demander quel était le diagnostic précis pour sa maman.

5.1. Vous devez donner une définition de : métrorragie - mastectomie et indiquer le terme qui désigne une descente de l'utérus.

Vous devez indiquer sur le schéma de l'appareil génital féminin, où se trouve l'utérus (voir page suivante).

5.2. A la demande de la fille de Mme Annette, au téléphone, que répondez-vous et pourquoi?

5.3. Comment pouvez-vous expliquer l'appréhension de Mme Annette et quel peut être le rôle des soignants?

5.4. L'élève aide-soignant(e) en stage dans le service devant faire un rapport sur les tâches des aides-soignant(e)s vous demande de lui expliquer

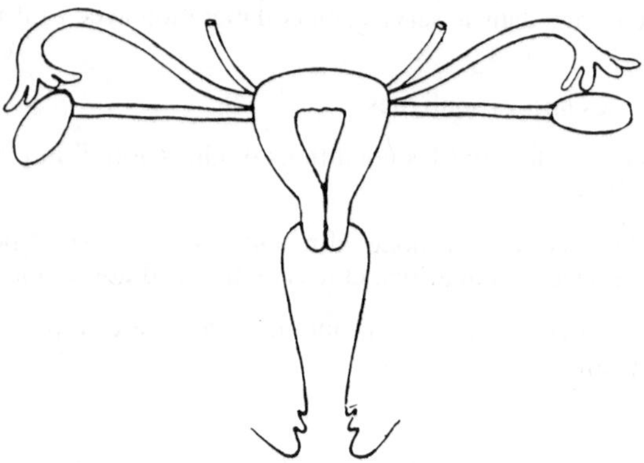

Schéma d'ensemble de l'appareil génital féminin

cette phrase figurant dans l'arrêté du 22 juillet 1994 : « L'aide-soignant participe, dans le cadre du rôle propre de l'infirmière, en collaboration avec lui et sous sa responsabilité à des soins... »

Quelles explications lui donnerez-vous?

Question 6 (7,5 pts)

Vous exercez comme aide-soignant(e) dans un service d'orthopédie et collaborez avec l'infirmière du secteur où est hospitalisée Mme Bertille, 80 ans.

Cette patiente, mise sous tutelle, a une couverture sociale (pour une prise en charge à 80 %) plus une mutuelle.

Mme Bertille vient d'un service de long séjour où elle avait été admise en raison d'une démence.

A la suite d'une chute ayant entraîné une fracture du col du fémur droit, elle a été opérée et admise en orthopédie.

Actuellement, cette patiente va mieux au niveau de la mobilité, mais présente une escarre fessière, au stade 1.

Encadrant une élève aide-soignante, vous devez :

6.1. Lui définir : escarre - être mis sous tutelle - long séjour.

6.2. Lui préciser à quoi correspond une escarre au premier stade et lui indiquer, en l'inscrivant, sur le schéma relatif à la peau quelle est la partie de la peau touchée et quelles sont les autres couches qui pourraient être concernées s'il y avait aggravation (voir schéma page suivante).

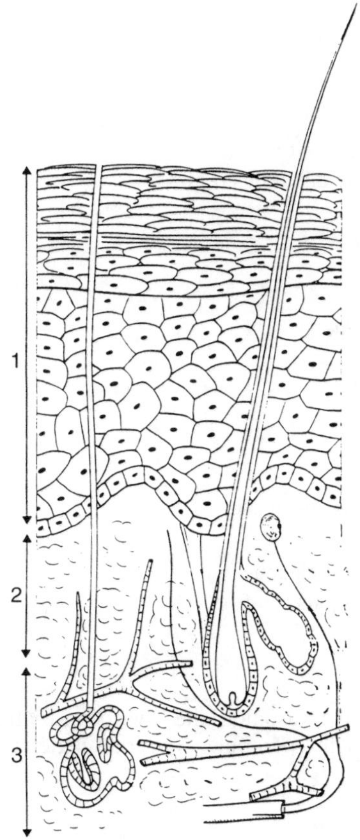

Schéma en coupe des différentes couches de la peau

6.3. Lui citer les facteurs principaux, chez Mme Bertille, qui peuvent être à l'origine de la constitution de l'escarre.

6.4. Lui expliquer en collaboration avec l'infirmière, en dehors du matériel de prévention, quels sont les besoins fondamentaux prioritaires (selon Virginia Henderson) à prendre en compte et quelles actions vous allez mettre en œuvre au niveau de la prévention des escarres.

Corrigé

Question 1 (QCM)

Les bonnes réponses sont :
- Le 14e jour après le début des règles
- Le cardia
- La diastole
- Les veines caves
- Le carpe
- Le canal cholédoque
- La déglutition
- L'hémostase
- Le larynx
- Le cristallin
- L'uretère
- Le système nerveux végétatif
- L'oreille interne
- Le cartilage de conjugaison
- Les cellules hépatiques (du foie)
- La diaphyse.

Question 2

Les mots manquants : vasomotricité - vasoconstriction - vasodilatation - l'ivoire - l'émail - cément - péritoine - viscéral - pariétal - manger - l'anorexie - boulimie.

Question 3

3.1.

Psychose : le médecin vient de diagnostiquer chez Mlle Jeanne une mélancolie, c'est-à-dire une affection psychiatrique fréquente dont le risque majeur est le danger de suicide qui est une psychose : affection mentale; le patient n'a pas conscience de ses troubles.

Insomnies : troubles du sommeil qui représentent un symptôme essentiel.

Anorexie : Mlle Jeanne manque d'appétit.

3.2. *Conditions d'admission :*
- impossibilité d'avoir le consentement à cause des troubles
- état nécessitant des soins immédiats avec surveillance constante en milieu hospitalier.

3.3. *Autres modes d'hospitalisation en service de psychiatrie :*
- l'hospitalisation d'office concernant le malade ayant des troubles mentaux qui compromettent l'ordre public et la sûreté des personnes

• l'hospitalisation libre : le patient vient de lui-même à l'hôpital.

3.4. L'état de Mlle Jeanne nécessite des soins immédiats et des précautions particulières sont à prendre pour sa sécurité connaissant la menace permanente de suicide.

Chez cette patiente : ne pas laisser d'objets dangereux à sa portée, ni de vêtements à risque, une surveillance permanente devra être assurée.

La mélancolie peut être définie aussi comme une psychose caractérisée par un état de dépression intense (le patient n'est pas conscient de ses troubles).

Question 4

Définition de l'hygiène : ensemble des principes et des pratiques qui tendent à préserver et à améliorer la santé.

Précautions en matière d'hygiène corporelle :

- lavage des mains
  - avant la prise du travail
  - avant et après chaque soin
  - après la journée de travail
- ongles courts
- absence de vernis
- bagues et bracelets et montres enlevés
- cheveux propres et rassemblés
- douche biquotidienne
- transpiration combattue à l'aide de déodorant.

Précautions en matière d'hygiène vestimentaire :

- changer de blouse ou de tenue tous les jours
- ne pas garder de vêtement de ville sous la blouse
- port de surblouse, gants, masque à usage unique si la situation l'impose.

Pourquoi ces précautions sont importantes ?

Ces précautions sont importantes car dans une unité de soins, le personnel hospitalier est source de contamination par :

- les avant-bras, les mains et les ongles
- les cheveux
- les vêtements
- la transpiration
- les infections localisées (visage, nez, gorge, mains).
- accepter son schéma corporel nouveau.

Au cours de l'hospitalisation de Mme Annette, les soignants devront bien transcrire les informations importantes sur son dossier permettant ainsi à l'équipe de mieux comprendre les réactions de Mme Annette ; aussi faut-il être à l'écoute de toutes ses émotions, angoisses… et peut-être solliciter la présence d'un membre de la famille (conjoint, fille…) lors de certains soins pour faciliter le retour.

Le rôle propre définit une zone d'actions infirmières indépendantes de la prescription médicale.

Le rôle propre est souligné dans l'article 2-3 du décret de mars 1993, et selon ce décret, l'infirmière a l'initiative de ces soins et en organise la mise en œuvre, avec la collaboration, c'est-à-dire en faisant participer son aide ou collaboratrice en travaillant en commun à une œuvre commune, c'est-à-dire aide-soignante ou auxiliaire de puériculture.

Comme indiqué dans ce décret, mais en s'assurant de la compétence de ces dernières compte tenu de leur formation : en s'assurant qu'un(e) aide-soignant(e) a :

- un savoir (ou connaissances)
- un savoir-faire (techniques)
- un savoir-être (comportement, attitudes adaptés)

} sanctionné par un Diplôme Professionnel AS

qui les habilitent à travailler avec l'infirmière.

C'est dire que l'infirmière est responsable de ce qu'elle confie, à qui elle le confie, mais l'aide-soignant(e) est aussi responsable de ses actes.

Question 5

5.1. *Définitions*

Métrorragie : hémorragie utérine (saignement) survenant en dehors de la période des règles ; ici chez une femme ménopausée.

Mastectomie : ablation de la glande mammaire.

Descente de l'utérus : prolapsus utérin.

Annotation du schéma :

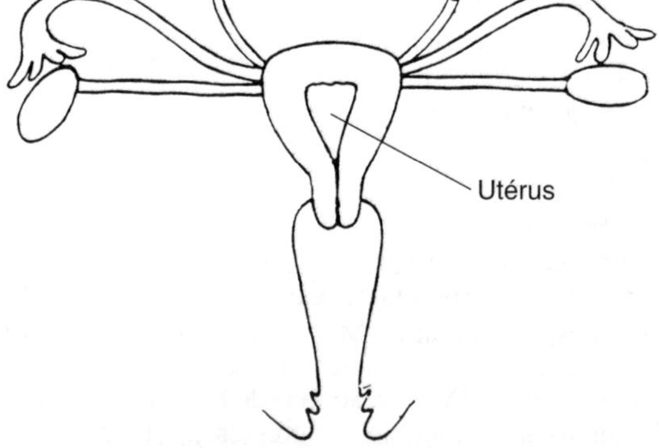

Schéma d'ensemble de l'appareil génital féminin (coupe de face)

5.2. La fille de Mme Annette a téléphoné pour prendre des nouvelles de sa maman.

Face à la demande de Mlle A., vous pouvez faire appel à l'infirmière de nuit pour donner des nouvelles de la nuit. Cependant, en ce qui concerne le diagnostic de Mme Annette, il faudra lui conseiller de rencontrer avec son papa le médecin qui seul peut donner des informations médicales.

L'aide-soignant(e) doit être prudente au téléphone, elle est soumise au respect du secret professionnel.

Le secret professionnel est l'obligation légale de ne révéler à quiconque toute information à caractère secret, dont il a connaissance au cours de l'exercice de sa fonction.

Toute atteinte du secret professionnel peut faire l'objet de sanctions disciplinaires, civiles, pénales. En effet, des lois régissent cette obligation :

- art. 226 du Code pénal
- art. 481 du Code de santé publique.

5.3. Mme Annette semble appréhender son retour à domicile, d'autant plus qu'elle doit faire appel à son entourage pour assurer sa toilette.

Cette inquiétude est certainement due, en partie, à sa nouvelle image corporelle liée à l'intervention.

Aussi les soignants devront tenter de l'aider à :

- prendre conscience des changements mais aussi
- prendre conscience qu'il y a des moyens de faire autrement (sur le plan vestimentaire - sur le plan esthétique).

Question 6

6.1. A l'élève aide-soignant(e), les soignants expliqueront que Mme Bertille présente une escarre fessière, c'est-à-dire une nécrose (mort) tissulaire ischémique au niveau du siège.

Compte tenu de l'état de cette patiente, cette dernière a été mise sous tutelle : « ensemble des mesures légales destinées à protéger les biens des enfants mineurs et des incapables majeurs. La tutelle constitue un régime de protection complet et correspond, en principe, à une incapacité totale de la personne. » (*Larousse*)

Mme Bertille vient d'un service de long séjour : les services de long séjour appelés « soins de longue durée » sont des services hospitaliers destinés à accueillir des personnes n'ayant plus leur autonomie de vie et dont l'état de santé nécessite une surveillance médicale constante et des traitements d'entretien.

6.2. Le 1er stade de l'escarre correspond à une inflammation importante = érythème ou rougeur.

La partie atteinte est l'épiderme.

Annotation du schéma : 1. épiderme, 2. derme, 3. hypoderme.

6.3. On peut considérer que chez Mme Bertille l'escarre est la conséquence de :
- perte d'autonomie
- l'immobilisation aiguë
- l'altération de l'état général.

6.4. Au niveau de la prévention, en dehors du matériel de prévention, les besoins fondamentaux prioritaires sont :
- *besoin de se mouvoir, maintenir une bonne posture :*
  - respecter la position prescrite
  - respecter les changements de position en calant bien la patiente et en fonction de la tolérance de Mme Bertille
- *besoin d'être propre, soigné et protéger ses téguments :* respecter une hygiène rigoureuse :
  - toilette en veillant à bien rincer et sécher
  - draps propres
  - changes anatomiques ou complets selon les besoins
  - frictions selon les indications en se souvenant qu'il ne faut pas masser sur la rougeur présentée par Mme Bertille
- *besoin de boire et manger :* faire observer le régime hyperprotidique, hypercalorique si prescrit, mais aussi riche en vitamines, en fer et en calcium en raison de sa fracture, sans oublier l'apport hydrique.

Sachant que Mme Bertille est démente, il faudra la stimuler.

Conclusion : l'équipe soignante, tout en considérant les besoins prioritaires, doit prendre en compte les autres besoins fondamentaux (éliminer, communication, besoin d'éviter les dangers…).

Région : Midi-Pyrénées

Sujets

Sujet 1

Vous êtes aide-soignant dans un service de médecine générale et vous vous occupez, en collaboration avec l'infirmière de :

• M. P., 75 ans, hospitalisé depuis hier pour une hémiplégie droite avec aphasie. M. P. porte des lunettes (car il est myope) ainsi que deux appareils dentaires.

L'alimentation et les boissons ont été suspendues et une perfusion a été mise en place. M. P. n'a pas été levé depuis son arrivée. Il présente une incontinence des urines et des selles.

Sa fille, avec laquelle il vivait, doit venir le voir cet après-midi.

• M. A., 30 ans, atteint du sida, hospitalisé en chambre individuelle. Il est asthénique, dyspnéique et ne semble pas avoir de réaction même lors des visites de sa mère.

Question 1 (6 pts)

1.1. Donnez la définition des mots suivants : hémiplégie - aphasie - myopie - incontinence urinaire - asthénie - dyspnée.

1.2. Annotez le schéma et donnez-lui un titre.

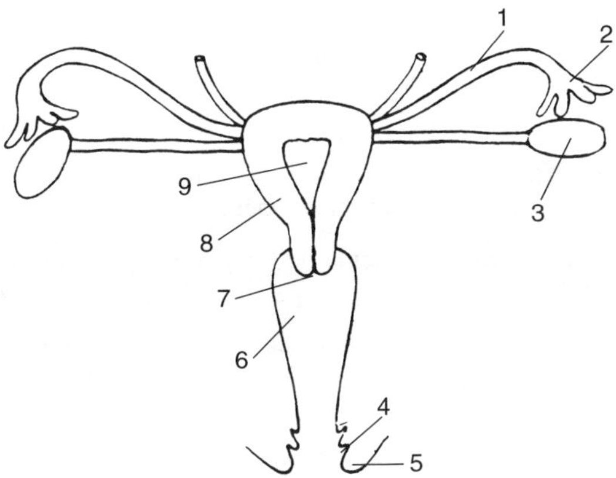

Titre :

Question 2 (5 pts)

L'infirmière vous demande de poser un étui pénien à M. P. afin de réaliser une diurèse des 24 heures à partir de 10 heures ce matin.

2.1. Donnez la définition de la diurèse.

2.2. Quelles seront vos actions pour réaliser ce soin?

Question 3 (5 pts)

Quelles actions proposez-vous pour répondre au besoin d'hygiène de M. P.?

Question 4 (5 pts)

L'infirmière vous demande de collaborer au premier lever de M. P. Quel sera votre rôle?

Question 5 (4 pts)

En rentrant dans la chambre pour faire le ménage, vous trouvez M. P. en train de pleurer. Que faites-vous?

Question 6 (5 pts)

6.1. Donnez la définition du sida.

6.2. Quels sont les modes de contamination par le virus du sida?

6.3. Quelles précautions prendrez-vous en tant qu'aide-soignant face à M. A.?

Sujet 2

Question 1 (5 pts)

1.1. Veuillez définir les termes suivants : aménorrhée - puberté (chez la jeune fille) - ménopause - métrorragies - ménorragies.

1.2. Veuillez complétez le schéma de l'appareil génital (mécanisme de la fécondation) (p. 125).

1.3. Décrivez de façon résumée le mécanisme de la fécondation.

Question 2 (5 pts)

Rôle de l'aide-soignant dans la distribution des repas.

Veuillez compléter le tableau ci-après en vous référant aux situations décrites.

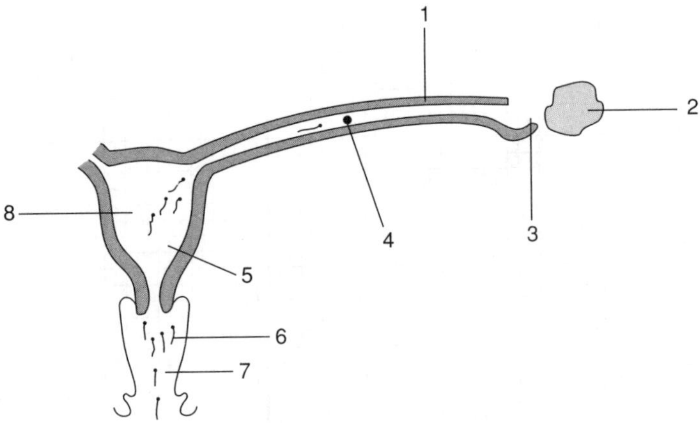

Mécanisme de la fécondation

Autonomie	*Régime*	*Actions*	*Surveillance et transmission*
La personne est aveugle et n'a pas de dents ni de prothèse dentaire	Elle n'a pas de régime		
La personne est droitière et présente un handicap du membre supérieur droit	Elle n'a pas de régime		

Question 3 (5 pts)

Mme F., 79 ans, est hospitalisée dans le Service de Médecine pour une phlébite du membre inférieur droit. Mme F. doit, selon la prescription médicale, rester impérativement alitée.

Mme F. était une personne valide et autonome avant son hospitalisation.

Elle ne présente pas de trouble de la miction. Mme F. est une personne agréable qui parle beaucoup avec sa voisine de chambre.

3.1. Ce jour, 19 janvier 1996, l'infirmière avec qui vous travaillez en équipe du matin (7 h/15 h), vous demande :

- de préparer la feuille de surveillance de Mme F (voir page suivante),
- de mettre en place une surveillance de la diurèse des 24 heures pour Mme F. (dans ce service, les diurèses se relèvent à 9 heures le matin),

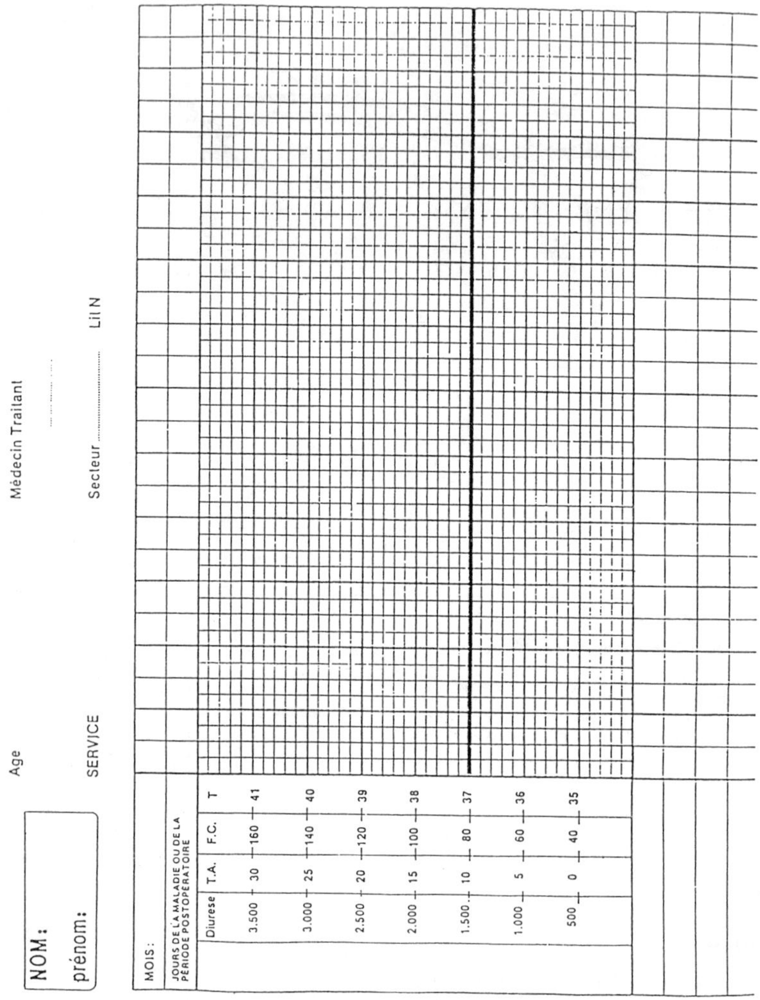

La feuille de surveillance de Mme F

Décrivez et justifiez la façon dont vous procédez pour réaliser cette surveillance.

3.2. Relevez les données suivantes sur la feuille de surveillance :

- le 20.01.06, diurèse : 1 100 cc
- le 21.01.96, diurèse : 1 400 cc

- le 22.01.96, diurèse : 1 700 cc
- le 23.01.96, diurèse : 1 500 cc
- le 24.01.96, diurèse : 1 800 cc
- le 25.01.96, diurèse : 1 200 cc.

3.3. Mme F., diabétique connue, a un régime sans sucre. L'infirmière vous demande de réaliser à 11 heures une recherche d'acétone dans les urines de Mme F., à l'aide d'un comprimé d'acétest.

Décrivez la façon dont vous allez procéder pour réaliser ce dépistage.

Question 4 (5 pts)

M. T., 92 ans, est hospitalisé dans le Service de Chirurgie. Il est porteur depuis une semaine d'une sonde vésicale suite à une rétention aiguë des urines. Il marche avec beaucoup de difficultés à l'aide d'un déambulateur.

Ce matin, au retour d'un examen radiologique, M. T. a été réinstallé au fauteuil, dans sa chambre, par des brancardiers.

L'infirmière vous demande de vérifier le fonctionnement du circuit des urines par rapport à sa sonde vésicale.

4.1. Citez de façon détaillée vos divers points de surveillance.

4.2. Proposez une définition du sondage vésical.

4.3. Le lendemain matin, vous changez la poche de recueil des urines de M. T.

Énumérez le matériel que vous préparez.

Décrivez, étape par étape, la façon dont vous procédez.

4.4. Parmi les propositions suivantes, cochez celles qui sont justes :

a) au cours d'un sondage vésical c'est l'uretère qui est cathétérisé ☐
b) les reins sont des organes extra-péritonéaux ☐
c) la veine cave inférieure conduit aux reins le sang qui doit être épuré ☐
d) l'albumine est un constituant anormal des urines ☐
e) l'oligurie est une augmentation de la diurèse ☐
f) lorsque les reins fonctionnent mal (insuffisance rénale) l'élimination de l'urée est augmentée ☐

Question 5 (5 pts)

M. C., 45 ans, a été victime d'une chute de 3 mètres. Il présente : une fracture ouverte du tiers inférieur du tibia gauche et une entorse grave de la cheville droite.

M. C. est arrivé dans le service ce matin à 11 heures avec une attelle et un pansement occlusif au niveau de la jambe gauche.

Le chirurgien a programmé une intervention pour 15 heures cet après-midi.

A 18 heures, M. C. revient du bloc opératoire avec une ostéosynthèse du tibia gauche et une botte plâtrée au niveau de la jambe droite.

L'intervention a été réalisée sous anesthésie générale.

Cochez la ou les réponse(s) juste(s).

5.1. Vous devez faire la préparation de la peau de M. C. avant d'aller au bloc opératoire. Pour cela :

a) vous regardez si la plaie est importante ☐
b) vous appliquez un antiseptique sur la plaie ☐
c) vous demandez à l'infirmière de refaire le pansement ☐
d) vous rasez la peau tout autour sans ôter le pansement ☐
e) vous faites l'asepsie autour sans ôter le pansement ☐

5.2. Vous devez préparer la chambre pour le retour de M. C. du bloc opératoire. Vous prévoyez alors :

a) de mettre la tête de lit à plat ☐
b) une attelle ☐
c) un arceau ☐
d) de surélever la tête du lit ☐
e) de surélever le pied du lit ☐

5.3. Participation de l'aide-soignant à la surveillance du plâtre.

Associez aux éléments de la colonne A un ou plusieurs éléments de la colonne B.

Colonne A	*Colonne B*
a) compression b) escarre c) phlébite d) inefficacité	1. accélération du pouls 2. odeur fétide 3. cassure du plâtre 4. cyanose des extrémités 5. douleur du mollet 6. difficultés à mobiliser les extrémités 7. refroidissement des extrémités 8. tache sur le plâtre 9. fourmillements 10. douleur pulsatile

5.4. QCM : cochez :

- la lettre A si le texte vous permet d'affirmer que la proposition est juste,
- la lettre B si le texte vous permet d'affirmer que la proposition est fausse,
- la lettre C si le texte ne permet pas d'affirmer si la proposition est juste ou fausse.

La botte plâtrée de M. C. a pour objet de traiter sa fracture :

A ☐ B ☐ C ☐

M. C. est revenu du bloc opératoire porteur d'une attelle et d'une botte plâtrée :

A ☐ B ☐ C ☐

M. C. a été victime d'un accident du travail :

A ☐ B ☐ C ☐

Outre ses fractures, M. C. est porteur de multiples ecchymoses sur la partie supérieure du corps :

A ☐ B ☐ C ☐

M. C. a subi une atteinte ligamentaire :

A ☐ B ☐ C ☐

Le pansement occlusif de M. C. lui a été fait avant son arrivée dans le service :

A ☐ B ☐ C ☐

Compte tenu de l'heure de retour de M. C. dans le service, on sait que l'intervention a eu lieu plus tard que prévu :

A ☐ B ☐ C ☐

Question 6 (5 pts)

Mme V., âgée de 40 ans, est hospitalisée en médecine à la suite d'un épisode grippal. Elle est mariée, mère de trois enfants, fume trois paquets de cigarettes par jour. Mme V. a été vaccinée contre la grippe.

A son entrée, elle présente une hyperthermie à 38,9°, un visage cyanosé, une toux suivie d'une expectoration abondante, une importante dyspnée, une fréquence cardiaque à 130 pulsations par minute, et une fréquence respiratoire à 37 mouvements par minute. L'IDE, sur prescription médicale, lui place une sonde nasale à oxygène et règle le débit de l'oxygénothérapie à 4 l/min.

Vous êtes aide-soignant dans le service. A l'aide des informations dont vous disposez, veuillez répondre aux questions suivantes en cochant le ou les réponse(s) juste(s).

6.1. Le terme qualifiant la fréquence respiratoire de Mme V. est :

a) polypnée ☐
b) bradypnée ☐
c) sialorrhée ☐
d) apnée ☐
e) aucune de ces propositions n'est juste ☐

6.2. Le terme qualifiant la fréquence cardiaque de Mme V. est :

a) bradypnée ☐
b) péricardite ☐
c) tachycardie ☐
d) endocardite ☐
e) bradycardie ☐

6.3. Le terme qualifiant la toux de Mme V. est :

a) quinteuse ☐
b) rauque ☐
c) sèche ☐
d) grasse ☐
e) spasmodique ☐

6.4. L'IDE vous demande de lui préparer le matériel pour administrer un aérosol à Mme V.

Parmi les éléments cités ci-après, lequel ou lesquels allez-vous prévoir?

a) un crachoir ☐
b) un monomètre ☐
c) un fluidifiant bronchique ☐
d) un nébulisateur ☐
e) un masque bucco-nasal ☐

6.5. Afin de favoriser la respiration de Mme V., quelles actions allez-vous réaliser en collaboration avec l'IDE?

a) enlever les plantes vertes de la chambre ☐
b) enlever les plantes à fleurs de la chambre la nuit ☐
c) installer Mme V. en décubitus ventral ☐
d) aérer régulièrement la chambre ☐
e) installer Mme V. en position demi-assise ☐

6.6. La vaccination consiste à injecter à une personne :

a) des anticorps spécifiques ☐
b) des antigènes rendus inoffensifs ☐
c) des gamma-globulines ☐
d) des antigènes virulents ☐
e) aucune de ces réponses n'est juste ☐

6.7. Après avoir complété le schéma, indiquez le sens de la circulation du sang à l'aide de flèches.

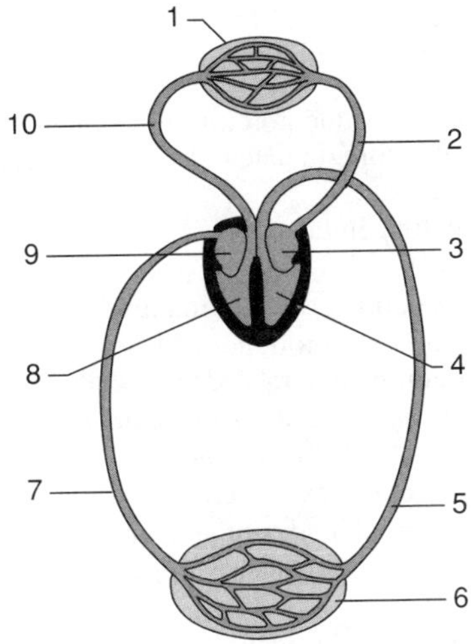

Schéma de la circulation sanguine

Corrigés

Sujet 1

Question 1

1.1. *Définitions*

Hémiplégie : paralysie totale ou partielle de la moitié du corps dans un plan vertical.

Aphasie : impossibilité de traduire la pensée par la parole.

Myopie : anomalie de la vision se traduisant par une vision trouble des objets éloignés.

Incontinence urinaire : miction involontaire d'urine.

Asthénie : grande fatigue.

Dyspnée : difficulté à respirer.

1.2. *Schéma de l'appareil génital féminin.*

Voir corrigé du sujet 2, région Poitou-Charentes (p. 174).

Question 2

2.1. La diurèse est la quantité d'urine émise en 24 heures.

2.2. *Pose de l'étui pénien et réalisation de la diurèse des 24 heures :*

- à 9 h 45 aller voir M. P. et lui expliquer le soin
- se laver les mains et préparer le matériel :
  - pour diurèse : bocal gradué portant une étiquette avec nom du malade, le numéro de la chambre, la date et l'heure de départ (10 heures)
  - pour poser étui pénien :
    - nécessaire à toilette génitale
    - étui pénien
    - collecteur à urines anti-reflux et vidangeable
- à 10 heures faire une petite toilette à M. P. en prenant la précaution de bien sécher. Poser l'étui pénien raccordé au collecteur
- garder les urines jusqu'au lendemain matin 10 heures en vidangeant le contenu du collecteur dans le bocal gradué
- transmissions écrites et orales aux équipes de soir et de nuit
- surveillance de l'étui pénien, des tuyaux et du collecteur
- le lendemain à 10 heures, vidanger le collecteur dans le bocal et totaliser les urines
- vérifier l'aspect, la couleur, l'odeur
- aller vider le bocal, le nettoyer et le ramener dans la chambre si on doit continuer la diurèse sinon le désinfecter et le ranger
- transmissions orales et écrites sur le dossier de soins et en vert sur la feuille de température.

Question 3

Réponse au besoin d'hygiène de M. P. :

- toilette complète au lit en le faisant participer à la toilette du visage
- soins de bouche
- nettoyage des appareils dentaires
- soins des pieds
- rasage
- coiffure
- voir pour capiluve si besoin
- prévention des escarres+++
- changes aussi fréquents que nécessaire (incontinent)
- change de literie et de vêtements
- transmission soins et comportement du malade.

Question 4

Le 1er lever de M. P. sera effectué par l'infirmière avec l'aide de l'aide-soignant(e).

- préparer l'environnement : fauteuil avec alèze, pied à perfusion qui roule
- préparer les vêtements : chaussons, robe de chambre
- vérifier qu'il porte ses lunettes
- asseoir M. P. au bord du lit
- attendre que l'infirmière vérifie la tension artérielle

• mettre la robe de chambre et les pantoufles
• accrocher le collecteur à urine à la robe de chambre pour le faire suivre
• lever doucement M. P. en respectant les règles de manutention. Le faire participer avec son côté valide, lui dire de ne pas regarder par terre, faire suivre la perfusion
• installer M. P. au fauteuil : pieds à plats sur le sol, bras droit calé par un oreiller, pelote dans la main
• mettre sonnette à portée pour que M. P. puisse s'en servir avec sa main gauche
• voir avec l'infirmière pour la durée du premier lever
• transmissions écrites et orales : heure, durée, installation et comportement du malade.

Question 5

Attitude face à M. P. :
• entrer en communication avec lui
• s'approcher de lui et favoriser la communication non verbale (toucher)
• lui parler avec respect, en l'appelant par son nom
• lui faire remarquer les progrès réalisés (1er lever)
• l'inciter à participer, à communiquer par écrit (ardoise + crayon)
• lui rappeler que sa fille va venir le voir
• transmettre par oral à l'infirmière et par écrit sur le dossier de soins.

Question 6

6.1. Le *sida* est le Syndrome d'Immuno-Déficience Acquise. C'est une maladie contagieuse, provoquée par un virus qui détruit les défenses naturelles de l'organisme.

6.2. *Les modes de contamination sont :*
• voie sanguine
• voie sexuelle
• voie fœto-maternelle.

6.3. *Précautions à prendre face à M. A. (patient atteint du sida) :*
• si le malade a des plaies, se protéger avec des gants
• en cas de manipulation de prélèvements, redoubler de précaution pour ne pas se blesser avec les tubes, les aiguilles
• tout matériel risquant d'être contaminé sera décontaminé puis nettoyé et désinfecté.

Sujet 2

Question 1

1.1. *Définitions*
Aménorrhée : absence de flux menstruel.

Puberté (chez la jeune fille) : apparition dans l'organisme d'une sécrétion hormonale ovarienne, les œstrogènes, qui provoquent les modifications morphologiques génitales externes et l'apparition du cycle menstruel (ou description des signes).

Ménopause : épuisement du stock ovarien de follicules de De Graaf vers l'âge de 50 ans (ou description des signes).

Métrorragies : hémorragie utérine survenant en dehors des règles.

Ménorragies : exagération de l'écoulement menstruel soit en quantité, soit en durée.

1.2. *Annotation du schéma de l'appareil génital féminin* (p. 123).

1. trompe
2. ovaire
3. pavillon
4. ovule
5. cavité de l'utérus
6. spermatozoïdes
7. vagin
8. muqueuse utérine

1.3. *Le mécanisme de la fécondation*

- Définition de la fécondation : union d'un ovule et d'un spermatozoïde
- Lieu : ampoule tubaire
- Description :
  - l'ovule pondu dans la cavité péritonéale a été capté par les franges du pavillon et amené dans l'ampoule
  - les spermatozoïdes déposés lors du rapport à l'orifice du col utérin remontent grâce aux mouvements de la flagelle, d'abord dans la cavité utérine, puis dans la trompe.

Question 2

Rôle de l'aide-soignant dans la distribution des repas.

Autonomie	*Régime*	*Actions*	*Surveillance et transmission*
La personne est aveugle et n'a pas de dents ni de prothèse dentaire	Elle n'a pas de régime	• Installer • Proposer le lavage des mains • Préciser le menu • Donner des repères • Mettre les objets à portée de main • Vérifier l'alimentation (mixée/hachée) • Répondre aux demandes	• Appétit/quantité absorbée • Acceptation de l'alimentation (mixée/hachée) • Observations particulières

Autonomie	*Régime*	*Actions*	*Surveillance et transmission*
La personne est droitière et présente un handicap du membre supérieur droit	Elle n'a pas de régime	• Installer • Proposer le lavage des mains • Inciter à utiliser la main gauche • Encourager les efforts • Aider à l'alimentation en fonction du handicap • Recours à du matériel spécifique (ex. : assiette ventouse)	• Appétit • Quantité • Progression de l'autonomie • Utilisation du matériel spécifique proposé

Question 3

3.1. *Surveillance de la diurèse de Mme F. :*

• Prévenir, informer Mme F. et les autres membres de l'équipe (éviter les pertes d'urines)

• Préparer, identifier le bocal couvert (hygiène/éviter les erreurs)

• A 9 heures, faire uriner, jeter les urines (recueil strict/24 heures)

• Expliquer l'importance de conserver toutes les urines, à chaque miction (recueil strict/24 heures)

• A 9 heures le lendemain, faire uriner, conserver les urines (recueil strict/24 heures)

• Noter la quantité (feuille de température) (transmission des données fiables)

• Jeter les urines, désinfecter le bocal (hygiène. Permet éventuellement de reconduire le recueil)

• Transmettre à l'IDE (qualité/quantité) (transmissions complètes).

3.2. Données sur la feuille de surveillance : schéma page suivante.

3.3. *Dépistage (recherche d'acétone dans les urines) :*

• prévenir; demander d'appeler si besoin d'uriner

• présenter le bassin propre et sec

• prélever une petite quantité d'urines

• réaliser l'examen sur des urines fraîches

• déposer le comprimé sans le toucher sur un papier ou une compresse

• déposer une goutte d'urine (compte-gouttes)

• au bout de 30 secondes précises, comparer la couleur obtenue et l'échelle colorimétrique

• noter et transmettre à l'IDE.

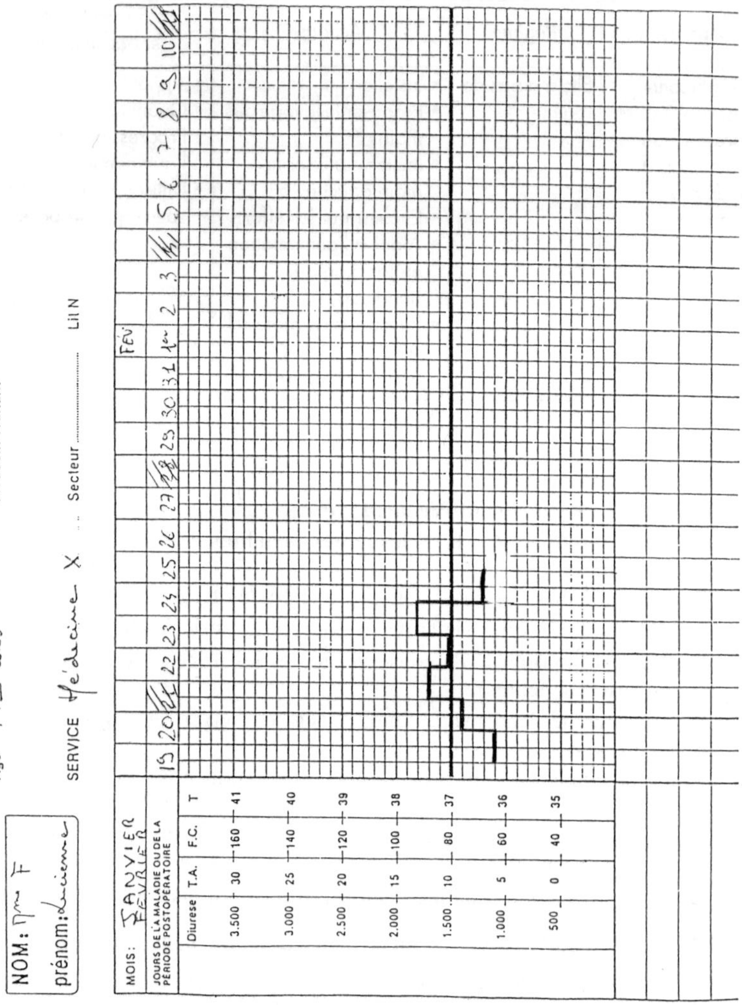

Données inscrites sur la feuille de surveillance

Question 4

4.1. *Surveillance de M. T. (rétention d'urines) :*

- écoulement régulier des urines
- absence de fuites - étanchéité des raccords

• absence d'obstacle à l'écoulement
• position déclive de la sonde de recueil.

4.2. *Définition*
Sondage urinaire : introduction d'une sonde vésicale par l'urètre pour permettre l'écoulement des urines.

4.3. *Matériel pour le recueil d'urines :*
• plateau stérile
• pince à clamper stérile ou désinfectée
• compresses stériles
• antiseptique
• poche de rechange
• haricot ou équivalent
• protection.

Actions pour le recueil d'urines :
• informer, se laver les mains, installer (décubitus dorsal + protection)
• placer le plateau stérile sous la jonction, désinfecter
• clamper la sonde vésicale/désadapter (compresses + antiseptiques - Tubulure de la poche souillée sur le plateau)
• ôter le capuchon protecteur/reconnecter sans toucher l'extrémité de la nouvelle poche
• déclamper ; vérifier l'étanchéité
• réinstaller
• noter les urines et les conserver si diurèse. Noter l'aspect des urines
• après le soin : transmettre, se laver les mains, laver et désinfecter le matériel, jeter la poche vidée.

4.4. Bonnes réponses : b-d.

Question 5 (QCM)

5.1. e.

5.2. a-c-e.

5.3. a : 4-6-7-9-10.
b : 2-8.
c : 1-5.
d : 3.

5.4. B-B-C-C-A-A-C.

Question 6

6.1. a.

6.2. c.

6.3. d.

6.4. a-b-d-e.

6.5. b-d-e.

6.6. b.

6.7. *Annotation du schéma :*
Voir corrigé du sujet 3, région Alsace (p. 20).

Région : PACA

Sujets

*Sujet 1**

1. Soins en médecine et aux urgences (18 pts)

Vous travaillez dans un service d'endocrinologie. Vous avez en charge Mme Lydia Bett, femme de 55 ans, diabétique depuis plusieurs années, traitée à l'insuline. Elle a une analyse d'urines 3 fois par jour.

1.1. Définir les termes : glycémie - glycosurie.

1.2. Citer les précautions que vous devez prendre :

- avant de lui apporter ses plateaux de repas
- avant de débarrasser ses plateaux de repas.

2. Soins en chirurgie et en réanimation (18 pts)

Vous travaillez du matin dans un service de chirurgie et vous avez à vous occuper de :

- Pimprenelle, petite fille de 4 ans, entrée pour appendicectomie (intervention cet après-midi). Elle est à jeun et a une vessie de glace sur la fosse iliaque droite. Elle est seule dans sa chambre, ses parents ayant dû repartir.
- Mme Blocop, 55 ans, opérée de la veille (hystérectomie). Vous devez l'aider à faire sa toilette avant de procéder à son premier lever.

2.1. Définir les termes : appendicectomie - hystérectomie.

2.2. Expliquer la surveillance que vous exercez auprès de Pimprenelle par rapport à sa vessie de glace.

2.3. Pouvez-vous procéder seul(e) au premier lever de Mme Blocop?

3. Soins en psychiatrie (18 pts)

Les maladies mentales sont classées en deux grands groupes : les névroses et les psychoses.

Donner une définition de la névrose et citer deux types de névroses.

---

* Cotation : sur 30 points (total sur 108 points - note ramenée à 27 + 3 pts pour l'expression écrite).

4. Soins en obstétrique et en gynécologie (18 pts)

Votre voisine est enceinte de 6 mois. En discutant avec elle, vous apprenez :

• Elle aime prendre des bains chauds, elle se fait bronzer de longues heures en plein soleil.

• Sous ses vêtements, elle ne met pas de soutien-gorge : elle porte des talons de 4 à 5 cm de hauteur : elle se couche très tard le soir et elle fait la sieste dans la journée.

• Elle va régulièrement faire son marché à pied (distance aller/retour = 1 km) et revient souvent chargée.

• Elle a entrepris de nettoyer à fond sa cuisine.

• Quand elle ne travaille pas, elle regarde la télé de longues heures en fumant.

• Elle boit 1 l d'eau et 1/2 l de lait par jour : elle mange beaucoup de yaourts et de fruits.

• Elle boit 8 tasses de café par jour.

Sous forme de tableau, sélectionnez les éléments :
- nuisant à sa santé et à celle de son enfant
- préservant sa santé et celle de son enfant.

5. Soins en gérontologie et en gériatrie (18 pts)

Vous travaillez en maison de retraite. En réunion d'équipe, la surveillante vous demande des propositions d'actions qui auraient pour buts de réactiver le plaisir de manger chez les personnes âgées.

Quelles seraient vos propositions?

6. Soins palliatifs et accompagnement des personnes en fin de vie (18 pts)

Le docteur Elisabeth Kübler-Ross a mis en évidence que la quasi-totalité des malades en fin de vie passaient par 7 stades.

Citer ces 7 étapes du deuil. Illustrer deux de ces étapes par des paroles que pourraient prononcer des malades.

*Sujet 2**

1. Connaissances (5 pts)

1.1. Aide-soignant dans un service de psychiatrie, une nouvelle élève en stage vous demande :
Citez les 3 modalités d'hospitalisation en psychiatrie.

---

* Capacité à s'exprimer par écrit (sur 3 pts).

1.2. Définissez les termes suivants : bradycardie - hyperthermie - oligurie - tachycardie - hypothermie - polyurie - polypnée.

2. Compréhension (10 pts)

2.1. Définissez la cause essentielle de l'escarre en citant les différents stades de la constitution de l'escarre et ensuite, argumenter les moyens de prévention des escarres de décubitus.

2.2. Sur quels critères portera la surveillance de l'alimentation des personnes âgées en bonne santé?

Expliquez pour chaque critère le pourquoi de cette surveillance.

3. Réflexions (12 pts)

3.1. Gérontologie

Aide-soignant dans une maison d'accueil pour personnes âgées, la direction vous demande des idées sur l'animation et les distractions de ces personnes âgées.

Quel est le but essentiel de ces animations pour personnes âgées?

Proposer et développer en quelques phrases 4 activités que vous pourriez réaliser avec les pensionnaires.

3.2. Soins à domicile

Vous êtes aide-soignant dans un service de soins à domicile.

A 7 h 30, vous vous rendez chez M. Simon, 83 ans, vivant seul en rez-de-chaussée d'une villa.

Il vous avoue qu'il a très mal dormi la nuit dernière, car il lui a semblé que quelqu'un rôdait dans son jardin.

M. Simon est insuffisant respiratoire chronique. Il est essoufflé en permanence. Il reste au fauteuil toute la journée et ne présente pas de lésion cutanée.

En utilisant la théorie de Virginia Henderson, citez 4 besoins fondamentaux perturbés chez M. Simon ce jour-là.

Détaillez les soins que vous devez prodiguer à M. Simon.

Dans le cadre du maintien à domicile, citez 4 aides dont il peut bénéficier.

Sujet 3

Question 1 (5pts)

Vous êtes aide-soignant(e) dans un service de médecine. Mme Capucine est hospitalisée, ce jour, pour amaigrissement important et déshydratation. Mme Capucine, âgée de 80 ans, présente une maladie d'Alzheimer* (stade avancé). Son comportement est perturbé : elle est désorientée, agressive et refuse de se lever.

1.1. Définissez les termes soulignés.

1.2. Quel sera votre comportement face à un patient atteint de la maladie d'Alzheimer?

1.3. Refusant de se lever, Mme Capucine risque de présenter des escarres. Pour les éviter, quelles sont les règles à mettre en place?

Question 2 (3 pts)

Annotez le schéma de l'appareil urinaire.

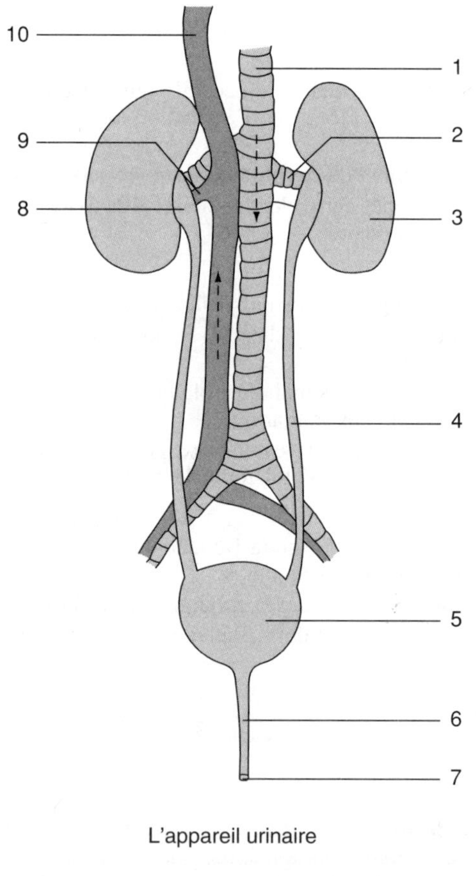

L'appareil urinaire

* Détérioration cérébrale.

Question 3 (2 pts)

Vous êtes aide-soignant(e) dans un service de chirurgie, vos horaires de travail sont de 13 à 21 heures. Vous avez notamment la charge de M. L., 72 ans, qui est entré ce matin pour une fracture à la cheville gauche. Un plâtre prenant la cheville et toute la jambe a été mis en place à midi par le chirurgien.

En quoi consiste la surveillance du plâtre de M. L. pendant les 48 premières heures et les jours suivants?

Question 4 (4 pts)

Vous êtes aide-soignant(e) dans un service de gynécologie, Mlle N., 20 ans, au chômage, a subi une IVG.

Quelles conditions légales étaient nécessaires pour que cette intervention ait pu avoir lieu?

Question 5 (6 pts)

5.1. Les infections nosocomiales sont à l'origine de causes indirectes et directes de décès en milieu hospitalier. Elles font également augmenter la durée moyenne d'hospitalisation.

- Définir infection nosocomiale.
- Citez au minimum 3 causes principales de l'infection nosocomiale.

5.2. Le professeur Molina, président du Comité national contre les maladies respiratoires et la tuberculose affirme : «Il ne faut pas faire du tabac une guerre de religion, mais il faut arriver à modifier le comportement des Français, et cela passe avant tout par l'éducation. Qu'un fumeur renonce à la cigarette, c'est bien, mais qu'un enfant n'en devienne pas l'esclave, c'est mieux.» L'OMS affirme que les deux fléaux sociaux qui menacent actuellement l'humanité sont le sida et le tabagisme...

Dix pour cent des fumeurs ont moins de douze ans!

De quelle manière vous sentez-vous sensibilisé par ce commentaire et ces constatations alarmantes?

Quelles réflexions vous inspirent-ils?

Veuillez donner quelques exemples statistiques, et indiquer le rôle éducatif de l'aide-soignant, et de tout soignant vis-à-vis de ce problème gravissime.

Corrigés

Sujet 1

1. Soins en médecine et aux urgences

1.1. *Définitions*
Glycémie : teneur du sang en glucose.
Glycosurie : présence de glucose dans les urines.

1.2. *Précautions :*
- Avant de lui apporter ses plateaux :
  - analyse d'urines (recherche sucre-acétone), informer l'infirmière du résultat
  - vérifier le nom, la chambre de Mme Bett et la correspondance du régime diabétique.
- Avant de débarrasser les plateaux : vérifier ce que Mme Bett a mangé ou laissé sur son plateau. Vérifier qu'elle n'ait pas mangé de supplément → transmissions à l'infirmière.

2. Soins en chirurgie et en réanimation

2.1. *Définitions*
Appendicectomie : ablation de l'appendice.
Hystérectomie : ablation de l'utérus.

2.2. *Surveillance :*
- veiller à ce que la vessie ne soit jamais en contact direct avec la peau (risque de gelure)
- veiller à ce que Pimprenelle ne suce pas les glaçons
- veiller à ce que la vessie reste bien en place (au besoin la maintenir par un bandage de corps)
- surveiller régulièrement l'état de la peau au niveau de la fosse iliaque droite.

2.3. Non - Se fait obligatoirement avec l'infirmière.

3. Soins en psychiatrie

Définition
La névrose est un trouble de la personnalité. Il est fonctionnel. Le névrosé est conscient de ses troubles. Il ne souffre pas d'idées délirantes ni d'hallucinations.

Différents types de névroses :
- névrose phobique
- névrose obsessionnelle
- névrose hystérique
- névrose d'angoisse.

4. Soins en obstétrique et en gynécologie

Éléments nuisant à sa santé et à celle de son enfant	*Éléments préservant sa santé et celle de son enfant*
Bains chauds Exposition prolongée au soleil Ne porte pas de soutien-gorge Se couche tard le soir Porte des poids trop lourds (courses) Nettoyage à fond de sa cuisine Regarde la télé de longues heures Fume Boit trop de café	Talons de 4 à 5 cm Fait la sieste Marche 1 km pour aller faire ses courses Boit 1 litre par jour Boit 1/2 litre de lait Mange des yaourts et des fruits

5. Soins en gérontologie et en gériatrie

- Privilégier la convivialité :
  - repas à table avec des personnes « choisies »
  - petite table (4/5).
- Privilégier la « gourmandise » - menus variés.
- Aménagement de la salle à manger.
- Tables agréables (nappes…).
- Présentation soignée des plats.
- Laisser manger à leur rythme.
- Tenir compte des goûts et habitudes.

6. Soins palliatifs et accompagnement des personnes en fin de vie

Les 7 étapes du deuil :

- choc
- dénégation ou déni (Non - Pas moi - C'est impossible)
- colère (Pourquoi moi? - Qu'est-ce que j'ai fait? - Je ne mérite pas ça!)
- dépression (Ça ne sert à rien de me soigner - Laissez-moi tranquille - Je ne veux voir personne)
- marchandages (Si je peux assister au baptême de ma petite fille, alors je pourrai mourir - Si je m'en sors, je ferai un pèlerinage à Lourdes)
- acceptation
- décathexis ou agonie.

Sujet 2

1. Connaissances

1.1. *Trois modalités d'hospitalisation en psychiatrie :*

- hospitalisation libre
- hospitalisation d'office
- hospitalisation sur demande d'un tiers.

1.2. *Définitions*

Bradycardie : ralentissement des battements du cœur.

Hyperthermie : élévation de la température du corps au-dessus de la normale.

Oligurie : diminution de la diurèse.

Tachycardie : accélération du rythme des battements cardiaques.

Hypothermie : abaissement de la température du corps au-dessous de la normale.

Polyurie : excrétion d'urines en quantité abondante.

Polypnée : augmentation du rythme respiratoire : respiration accélérée et superficielle.

2. Compréhension

2.1. L'escarre est due à la compression des parties molles entre un plan dur et une saillie osseuse du corps.

- Stade 1 : inflammation des tissus avec constitution d'un érythème.
- Stade 2 : ulcération de la peau.
- Stade 3 : atteinte de la graisse sous-cutanée. La peau devient blanchâtre et dure à la périphérie de l'ulcération.
- Stade 4 : nécrose profonde par anoxie cellulaire avec infection locale.

Moyens	*Objectifs*
Prévention d'escarres	Prévenir l'apparition d'un érythème en activant la circulation sanguine superficiellement et en profondeur
Changement de position	Prévenir la compression des parties molles sur le plan du lit en modifiant les points d'appui
Hygiène corporelle rigoureuse, change autant de fois que nécessaire	Prévenir la macération qui favorise la constitution de l'escarre Prévenir un conctact prolongé avec urines et selles
Réfection du lit Emploi de matelas anti-escarres	Meilleure répartition du poids corporel du patient Minimiser les points de pression
Hygiène alimentaire avec un apport protidique et vitaminique suffisant	Prévenir la constitution de l'escarre et la fonte musculaire

2.2. *Surveillance de l'alimentation des personnes âgées :*

- Veiller à une hydratation suffisante car perte de la sensation de soif.
- Veiller à présenter des aliments sous une forme adaptée aux difficultés de mastication de la personne.
- Veiller à un apport calorique adapté aux activités physiques de la personne âgée.
- Enrichir l'alimentation en fibres pour prévenir la constipation.

• Enrichir l'alimentation en protéines pour lutter contre la fonte musculaire.
• Enrichir l'alimentation en sels minéraux (calcium) pour lutter contre l'ostéoporose.
• Enrichir l'alimentation en vitamines pour lutter contre les infections et le vieillissement cellulaire.

3. Réflexion

3.1. *Gérontologie dans les maisons d'accueil pour personnes âgées :*
Le but essentiel de ces animations est d'améliorer la qualité de vie des personnes âgées, en tenant compte des ressources physiques, psychiques, intellectuelles et affectives de chacune et pour maintenir et prolonger le goût de vivre chez ces personnes.

L'animation doit permettre aux personnes âgées d'être spectateur, collaborateur, acteur en fonction de leur désir et de leur participation.

Les activités réalisables auprès des personnes âgées sont :
• *Pâtisserie :*
 – faire participer les pensionnaires à la confection de gâteaux
 – goûters, fêtes, anniversaires.

Proposer les goûters dansants } à la suite de l'activité pâtisserie
Fêter les anniversaires }

• *Soins d'esthétique :* favoriser le bien-être des personnes âgées en proposant divers soins : coiffure, manucure, soins du visage, massage, manucure, soins du visage, massage, maquillage.
• *Couture :* profiter de l'activité manuelle pour instaurer un climat convivial pour favoriser les échanges.
• *Jeux de société :* proposer des divertissements variés : jeux de cartes, organisation de loto.
• *Bibliothèque :* maintenir les pensionnaires dans leurs capacités de lecture, leur permettre de s'informer (journaux d'actualité).
• *Musique :* maintenir et développer les capacités d'échange des pensionnaires.
• *Sorties et excursions :* donner aux pensionnaires l'occasion de répondre à leur besoin d'évasion, de se retrouver en société. Leur permettre de choisir leur destination.
• *Commission d'animation :* élaborer le programme des sorties, spectacles, films, etc., en concertation avec les personnes âgées.

3.2. *Soins à domicile*
• Les besoins perturbés de M. Simon sont :
 – besoin d'être propre et protéger ses téguments
 – besoin de respirer
 – besoin de se mouvoir et maintenir une bonne posture
 – éviter les dangers.

- Besoin d'être propre et protéger ses téguments :
  - toilette au lavabo, douche sur chaise : position assise pour préserver une bonne respiration
  - les mouvements seront lents, sans brusquerie, en faisant participer M. Simon
  - contrôler l'état cutané au niveau des points d'appui, et prévenir les risques d'escarres par un massage de ces régions avec alcool + savon.
- Besoin de respirer :
  - aérer convenablement la chambre après la toilette
  - installer M. Simon au fauteuil : position assise pour favoriser sa respiration, calé avec des coussins.
- Besoin de se mouvoir :
  - aider M. Simon dans ses déplacements
  - conseiller des mouvements réguliers des membres supérieurs (activités manuelles et intellectuelles, lecture)
  - veiller à la bonne installation au fauteuil (pas d'obstacle à la circulation).
- Éviter les dangers :
  - contrôler les fermetures extérieures (volets, portes) pour s'assurer que M. Simon est bien protégé
  - donner une information à M. Simon au sujet du télé-alarme branché directement aux pompiers, ce qui peut le rassurer.
- Les aides dont M. Simon peut bénéficier sont :
  - l'aide ménagère
  - portage des repas à domicile
  - télé-alarme
  - allocation logement
  - fond national de solidarité.

Sujet 3

Question 1

1.1. *Définitions*

Amaigrissement : diminution du volume du poids du corps.

Déshydratation : perte d'eau.

1.2. *Conduite à tenir (maladie d'Alzheimer de M*^me^ *C.) :*

- favoriser les capacités restantes (savoir-être)
- ne pas contredire, parler gentiment
- proposer et inciter plutôt qu'obliger
- écouter
- valoriser son aspect physique et esthétique
- action par rapport à l'environnement de la personne :
  - repères spatio-temporels
  - respect des places des objets, meubles
  - sécurité par rapport à ses déplacements et de son environnement.

1.3. *Règles (risques d'escarres de Mme C) :*
- échelle d'évaluation des risques par rapport aux patients
- maintenir un état d'hygiène
- alimentation et hydratation adaptées
- éviter l'immobilité :
  – lever, fauteuil
  – marche si possible
  – ou changement de position
- favoriser la vascularisation des tissus : massage utilisant la technique appropriée
- support complémentaire (coussin, matelas)
- confort de la personne dans ses vêtements et dans son lit (éviter plis des vêtements et draps)
- évaluation et modification des actions si besoin.

Question 2

Annotation du schéma de l'appareil urinaire :

1. aorte	6. urètre
2. artère rénale	7. méat urinaire
3. rein gauche	8. bassinet
4. uretère gauche	9. veine rénale droite
5. vessie	10. veine cave inférieure

Question 3

Surveillance du plâtre de M. L. :
- Pendant les premières 48 heures surveiller qu'il n'y ait pas de compressions. Le plâtre ne sera sec qu'après ce délai de 48 heures. Ces compressions se manifesteront par une brûlure et des fourmillements + œdème des extrémités avec douleurs - arceau :
  – cyanose des extrémités
  – un refroidissement des extrémités.
  L'aide-soignant(e) doit prévenir l'infirmière du moindre signe anormal observé.
- Pendant les jours suivants : la surveillance doit permettre de dépister les complications éventuelles du plâtre :
  – constitution des escarres
    · une tache brunâtre sur le plâtre
    · odeur
    · douleur
  – apparition d'une phlébite : qui se traduira par :
    · une augmentation légère du pouls et de la température
    · une douleur au mollet
    · un membre plus chaud que l'autre.

Question 4

L'IVG : les conditions légales nécessaires pour que l'IVG ait pu avoir lieu sont :

- loi régissant l'IVG : loi du 17 janvier 1975
- recours à un médecin pour pratiquer l'intervention
- délai d'intervention entre la conception et la fin de la 10e semaine de grossesse
- réalisation de l'intervention dans un établissement public ou privé agréé
- nationalité française ou qualité de résidente
- respect de la procédure
- 1er examen médical
- information sur les risques de l'IVG
- remise du dossier guide.

Question 5

5.1. *Infection nosocomiale :* infection contractée par un malade pendant son séjour à l'hôpital. Absente de l'admission, elle apparaît chez un patient dans un délai d'au moins 48 heures après le début de l'hospitalisation.

Principales causes de l'infection nosocomiale :

- l'infection manuportée
- l'infection exogène
- l'anti-biorésistance
- la technicité des soins.

5.2. *Lutte contre le tabagisme :* un jeune sur trois fume avant l'âge de 15 ans... Le cancer du poumon devance désormais le cancer du sein et devient la 2e cause de mortalité féminine. Le tabagisme tue six fois plus que les accidents de la route. Sur dix cancers du poumon, neuf s'observent chez les fumeurs... Le tabagisme provoque 50 % des infarctus du myocarde, 50 % des bronchites chroniques, 40 % des cancers de la vessie, 75 % des cancers du pharynx, 85 % des cancers du larynx, et 90 % de ceux des poumons...

Par la lenteur sournoise de ses effets, le tabac cause les plus grands dommages à la santé. Par son taux, même affaibli, en nicotine, il représente une drogue véritable. Dès lors, comment concevoir une éducation qui ne passe pas par l'exemple, et comment faire passer un message aux jeunes si l'on n'applique pas soi-même les préceptes essentiels d'hygiène de vie?

Le centre de documentation et d'information lance des affichettes pour rappeler que «*La liberté, c'est réciproque*». Mais le rôle de l'exemple chez les parents et éducateurs de santé est tout à fait primordial.

En préservant sa santé, l'on induit également la libération des jeunes de cet asservissement. Nous savons qu'en France, la prohibition pure et dure n'a jamais été prisée, mais, par contre, il est possible de montrer qu'un citoyen informé devient un citoyen responsable... Et que les jeunes ne devraient plus avoir à nous faire remarquer que le tabac est également une drogue (ce en quoi ils ont tout à fait raison).

Région : Pays-de-la-Loire

Sujet

Question 1 (3 pts)

1.1. *Annotez le schéma :*

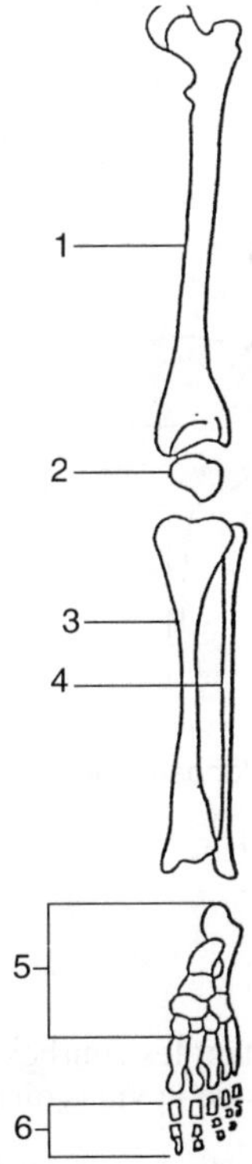

Squelette du membre inférieur : les os de la jambe et du pied

1.2. *Annotez le schéma :*

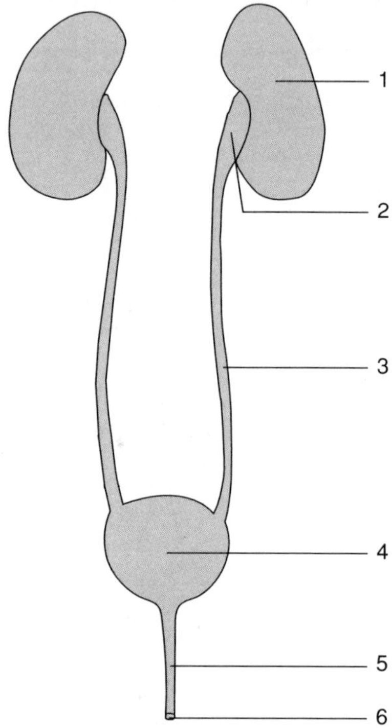

L'appareil urinaire

Question 2

(6 pts)

Voici un graphique représentant les courbes de la consommation du lait et de la viande aux différents âges de la vie (voir page suivante).

2.1. Observez et expliquez ces courbes en tenant compte des différentes catégories de consommateurs.

2.2. Donnez la définition d'une équivalence alimentaire.

2.3. Citez une équivalence pour un quart de litre de lait.

2.4. Citez les types d'aliments particulièrement riches en protides.

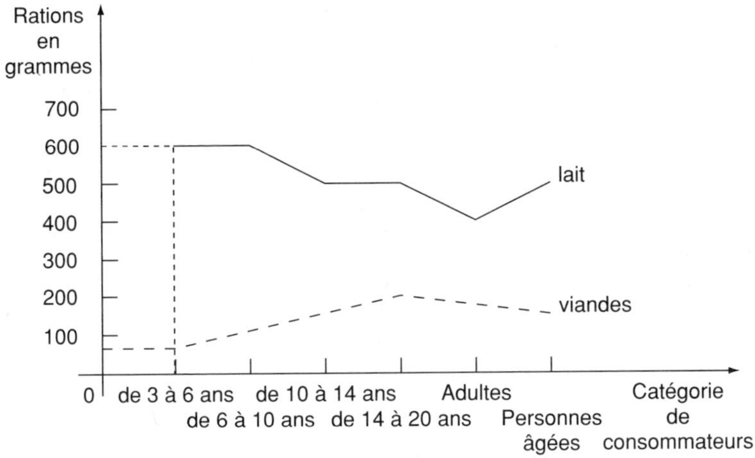

Courbes de consommation du lait et de la viande aux différents âges de la vie

Question 3 (8 pts)

Manger, acte riche de sens

S'asseoir à une table pour manger est un acte riche de sens, de souvenirs, d'émotions, de symboles culturels.

Nous ne mangeons pas pour couvrir des besoins physiologiques, mais pour satisfaire des besoins d'un autre ordre : ces besoins s'appellent plaisir, détente, occasion de relations avec les autres.

C'est un ensemble de motivations psychologiques qui nous pousse à nous mettre à table. Et, c'est en liaison avec leur tonus émotif (ensemble de sensations visuelles, olfactives, tactiles, gustatives, digestives) et leur valeur symbolique (effet évocateur, souvenir, culture) que nous choisissons nos aliments. C'est en fonction de notre appartenance sociale et de notre niveau de vie, enfin, que nos goûts sont façonnés par un type d'alimentation.

Qu'un aliment constitue un apport calorique, protéique, lipidique, minéral et vitaminique, peu nous importe au fond. C'est la charge affective qu'il représente qui conditionne notre choix. C'est elle qui règle notre acceptation ou notre refus. C'est elle qui garantit le plaisir et une bonne digestion.

Nicole Thonnat - Revue *La Santé de l'homme*, n° 243, janvier-février, 1983.

3.1. Développez, en 10 lignes maximum, ce qu'évoque pour vous le repas.

Une histoire de l'avortement

L'avortement a ceci de particulier en France, qu'il a changé de nom et d'image à partir de 1975, date à laquelle la loi Veil a été votée, avant d'être définitivement adoptée le 31 décembre 1979.

Avant? L'avortement était secret, clandestin, douloureux. La Suisse, puis l'Angleterre, puis les Pays-Bas étaient des filières empruntées par les Français. Filières onéreuses mais par lesquelles les méthodes médicales et légales épargnaient aux femmes que des complications techniques ne se surajoutent à la détresse d'une grossesse non désirée.

La loi du silence est brisée le 5 avril 1971 quand l'hebdomadaire *Le Nouvel Observateur* publie le manifeste des « 343 » qui affirmaient oser avorter ! L'actualité emboîtait le pas à ces premiers aveux, avec le procès de Eccigny en novembre 1972 et le manifeste des 560 médecins se prononçant en faveur de la liberté de l'avortement.

Mais les pratiques clandestines ne cessent pas pour autant (...).

C'est en décembre 1982 que la loi Roudy est votée au Parlement pour que, dès son application en février 1983, l'IVG soit remboursée par la Sécurité sociale (...).

L'État des connaissances et des recherches. Ed. La Découverte.
INSERM/CRSTORM. Paris, 1988.

3.2. A la lecture du document et à la lumière de vos connaissances répondez aux questions suivantes :

- Quelle loi importante est votée en 1975?
- Quand cette loi a-t-elle été adoptée?
- Que signifie le sigle IVG?
- En quoi consiste la loi Roudy?

Question 4 (QCM) (3 pts)

Questions à choix multiples : faites une croix devant la ou les bonnes réponses

- La contraction des oreillettes s'appelle :
  - systole ☒
  - diastole ☐
  - révolution cardiaque ☐
- L'humérus est un os :
  - du bras ☒
  - de l'avant-bras ☐
  - de la jambe ☐
- Le sang est un tissu composé d'éléments figurés comme :
  - le plasma ☒
  - les hématies ☒
  - les leucocytes ☒
- Certaines cellules se déplacent grâce :
  - au cytoplasme ☐
  - à des pseudopodes ☒
  - à la chromatine ☐
- L'œsophage débouche dans l'estomac par un orifice :
  - le pylore ☐
  - le cardia ☒
  - le sphincter d'Oddi ☐

- La fécondation de l'ovule chez la femme se fait normalement :
  - dans l'utérus ☐
  - dans la trompe ☒
  - dans l'ovaire ☐
- La plèvre entoure :
  - le cœur ☐
  - le poumon ☒
  - l'estomac ☐
- La révolution cardiaque est :
  - la succession de phases de contractions ☒
  - la systole et la diastole ☒
  - la systole auriculaire et la systole ventriculaire ☒
- La vitamine C est apportée par :
  - l'huile ☐
  - le sucre ☐
  - les fruits ☒
- Le procédé qui détruit définitivement les germes est appelé :
  - désinfection ☐
  - stérilisation ☒
  - prophylaxie ☐
- Quelles sont les vaccinations obligatoires en France?
  - la vaccination antituberculeuse ☒
  - la vaccination antitétanique ☒
  - la vaccination antigrippe ☐
  - la vaccination antidiphtérique ☒
  - la vaccination antivariolique ☐
  - la vaccination antipoliomyélite ☒
- L'épiphyse d'un os long correspond à :
  - l'extrémité de l'os ☒
  - le corps de l'os ☐
  - l'enveloppe de l'os ☐

Corrigé

Question 1

1.1. *Annotation du schéma du membre inférieur* (p. 151).

1. fémur
2. rotule
3. tibia
4. péroné
5. tarse
6. phalanges

1.2. *Annotation du schéma de l'appareil urinaire.*
Voir corrigé du sujet 3 de la région PACA (p. 139 et p. 148).

Question 2

2.1. *Explication des courbes en tenant compte des différentes catégories de consommateurs :*

• Lait :
– consommation importante de 3 à 6 ans et de 6 à 10 ans
– baisse de consommation de 10 à 20 ans
– cette baisse s'accentue encore chez l'adulte
– la consommation remonte chez la personne âgée.

Les besoins en produits laitiers sont importants en période de croissance car ils apportent du calcium, des vitamines A et D. Les adultes n'ont besoin que d'une ration d'entretien. Chez les personnes âgées, la ration doit être augmentée pour compenser les pertes en calcium et lutter contre la fragilité osseuse.

• Viande :
– la consommation est en augmentation constante jusqu'à la fin de l'adolescence (période de forte croissance)
– elle est en diminution constante chez l'adulte et la personne âgée.

Les protéines, nutriments de construction, sont indispensables en période de forte croissance. Leur consommation est réduite chez les personnes âgées pour limiter les déchets (urée, acide urique). Les viandes sont plus difficiles à mastiquer et à digérer pour des personnes âgées : les besoins en protéines peuvent être couverts par les produits laitiers.

2.2. *Définition d'une équivalence alimentaire :* possibilité de substitution d'un aliment par un autre à l'intérieur d'un même groupe en variant les quantités. Cela permet la variété des menus et la possibilité d'échanges en cas de dégoûts alimentaires tout en maintenant un équilibre.

2.3. *Équivalence pour un quart de litre de lait :*
• 2 pots de yaourt de 12 cl
• 50 g de camembert
• 30 g de gruyère
• 400 g de fromage blanc
• 8 petits-suisses.

2.4. *Types d'aliments particulièrement riches en protides :*
• viandes
• poissons-crustacés
• œufs.

Question 3

3.1. *Le repas :*
• Éléments positifs :
– lieu de convivialité

– moment d'échange, de ressourcement
– moment de rencontre, de rassemblement (famille, amis)
– moment de plaisir, de satisfaction, de récupération physique
– réponse à la faim.

• Éléments négatifs :
– absence de repas
– difficultés sociales
– difficultés économiques
– aspect de la solitude, éparpillement…

3.2.

• La loi Veil est votée en 1975
• Cette loi a été adoptée le 31 décembre 1979
• Le sigle IVG signifie : Interruption Volontaire de Grossesse
• La loi Roudy a été votée pour que l'IVG soit remboursée par la Sécurité sociale.

Question 4

• La contraction des oreillettes s'appelle la systole.
• L'humérus est un os du bras.
• Le sang est un tissu composé d'éléments figurés comme les hématies et les leucocytes.
• Certaines cellules se déplacent grâce à des pseudopodes.
• L'œsophage débouche dans l'estomac par un orifice : le cardia.
• La fécondation de l'ovule chez la femme se fait normalement dans la trompe.
• La plèvre entoure le poumon.
• La révolution cardiaque est la systole et la diastole.
• La vitamine C est apportée par les fruits.
• Le procédé qui détruit définitivement les germes est appelé la stérilisation.
• Les vaccinations obligatoires en France :
– la vaccination antituberculeuse
– la vaccination antitétanique
– la vaccination antidiphtérique
– la vaccination antipoliomyélite.
• L'épiphyse d'un os long correspond à l'extrémité de l'os.

Région : Picardie

Sujets

Sujet 1

Vous êtes aide-soignante dans un service de médecine générale, vous travaillez de 7 h 30 à 14 h 30. En collaboration avec l'infirmière, vous prenez en charge les personnes soignées suivantes :

• M. V. Paul, 18 ans, hémophile, hospitalisé pour bilan de contrôle. Il est séropositif depuis 2 ans, il sort ce soir.

• Mme D. Lucienne, 64 ans, est entrée dans le service il y a 4 jours pour un accident cardio-vasculaire cérébral.

Elle présente une hémiplégie droite avec aphasie.

Elle reste alitée ce jour car elle est fatiguée suite à une mauvaise nuit.

Elle est porteuse d'une perfusion à la main gauche et d'une sonde urinaire à demeure.

Elle pèse 80 kg et mesure environ 1 m 60.

En réalisant la toilette corporelle de Mme D. Lucienne vous constatez l'apparition d'une rougeur au sacrum.

• Mme C. Jeanne, 40 ans, diabétique insulino-dépendante, entrée il y a 8 jours pour malaise hypoglycémique.

Mme C. est autonome, elle ne respecte pas son régime.

A 18 heures, elle vient dans le bureau des infirmières pour vous dire qu'elle ne se sent pas bien. Vous constatez qu'elle est pâle et qu'elle a des sueurs. Elle vous dit qu'elle n'a pas pris sa collation de 16 heures.

• Mlle B. Sophie, 25 ans, entrée il y a 3 jours pour malaise avec chute ayant entraîné une fracture non déplacée du poignet droit.

Elle a été plâtrée aux urgences. Une sortie est envisagée pour demain en fonction des résultats de ses examens.

• Mme T. Catherine 30 ans, vit seule avec ses deux enfants de 1 et 2 ans, entrée ce matin pour suspicion de salmonellose se manifestant par une fièvre à 39,5°, des vomissements et une diarrhée.

Mme T. est en chambre seule.

Question 1 (6 pts)

1.1. Donnez la définition des mots suivants : aphasie - hémiplégie - diabétique insulino-dépendant - fracture.

1.2. Y a-t-il des précautions à prendre pour l'entretien de la vaisselle de M. V. Paul?

1.3. L'infirmière vous demande qu'elle serait la conduite à tenir en cas de piqûre avec l'aiguille de M. V. Paul.

Question 2 (9,5 pts)

2.1. Quels sont les éléments de surveillance au niveau de la perfusion de Mme D. Lucienne?

2.2. Citez les facteurs de risque d'escarres de Mme D. Lucienne.

2.3. Décrivez le stade I de l'escarre.

2.4. Quelles actions AS pouvez-vous mettre en œuvre pour lutter contre l'apparition d'escarres chez Mme D. Lucienne?

Question 3 (3,5 pts)

3.1. Face au malaise de Mme C. Jeanne, que faites-vous?

3.2. Nommez les principes à respecter au cours d'un régime diabétique insulino-dépendant.

Question 4 (2 pts)

Mlle B. Sophie vous demande s'il y a des précautions particulières à prendre pour son plâtre.

Que lui répondez-vous?

Question 5 (5 pts)

Mme T. Jeanne sonne pour vous demander le bassin : comment effectuez-vous ce soin, et pourquoi?

Question 6 (4 pts)

Annotez le schéma de l'appareil digestif (voir page suivante).

Sujet 2

Question 1 (3 pts)

1.1. Donnez la définition des mots suivants : gastrostomie - hématémèse - asthénie - escarre - arthrologie - pollakiurie.

1.2. Inscrivez le terme exact correspondant à la définition suivante :

- perte de l'appétit
- étude de l'appareil génital féminin et de ses maladies
- absence de sécrétion d'urine par les reins
- inflammation aiguë ou chronique d'une veine
- coloration rouge de la peau, localisée ou généralisée
- nécrose d'une partie du muscle cardiaque.

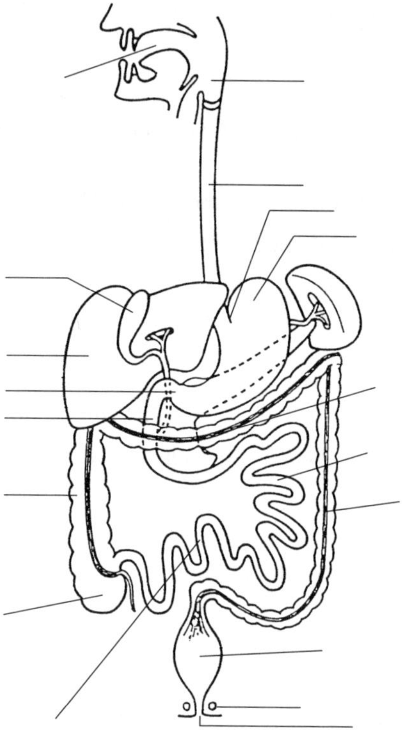

L'appareil digestif

Question 2 (12 pts)

Mme Hélène D., 69 ans, est adressée dans le service de moyen séjour le 11 mai 1995 suite à une hospitalisation en service de chirurgie pour plaie du gros orteil droit, plaie du siège et déséquilibre de son diabète insulino-dépendant.

Elle est aveugle depuis dix ans ; elle connaît le braille. Elle est veuve depuis 1991, a un fils à Paris. Mme D. vit en maison de retraite depuis 1992, date à laquelle elle subit une amputation de la cuisse gauche ; elle est appareillée et se déplace en fauteuil roulant.

Mme D. est angoissée par rapport à son avenir ; elle refuse d'aller en long séjour. Elle aime parler, reçoit peu de visites en dehors de bénévoles de « La Croisade des Aveugles ».

Dans le service de moyen séjour, elle occupe une chambre seule avec cabinet de toilette. Son lit est équipé d'une potence et d'un matelas anti-escarres (Cliniplot).

2.1. Définir : diabète insulino-dépendant - amputation.

2.2. Définir : maison de retraite - moyen séjour - long séjour.

2.3. Comment, en tant qu'aide-soignant(e), répondez-vous aux besoins de Mme D.

- d'hygiène corporelle
- de mobilité
- d'alimentation
- de communication?

Question 3 (3 pts)

Annotez le schéma de l'appareil génital masculin.

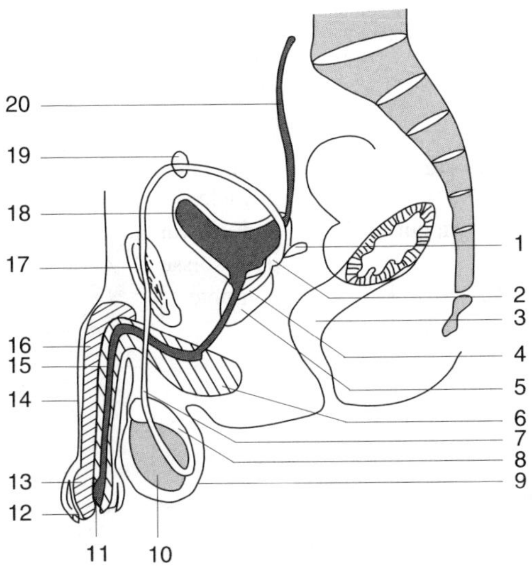

L'appareil génital masculin

Question 4 (5 pts)

4.1. Qu'est-ce que la ration alimentaire?

4.2. Quels sont les éléments qui doivent obligatoirement la composer chaque jour?

4.3. Quelle est la quantité de calories nécessaire quotidiennement à une personne sédentaire?

4.4. Une de vos amies est enceinte. Elle vous demande des conseils relatifs à l'hygiène vestimentaire et l'hygiène alimentaire. Que lui répondez-vous?

Question 5 (3 pts)

Citez et expliquez rapidement les différentes modalités d'hospitalisation en psychiatrie.

Question 6 (4 pts)

Attribuez chaque plateau aux 4 régimes suivants :
1. sans sel
2. hépatique
3. hyperprotidique
4. sans résidu.

a) œufs en gelée
gratin dauphinois
lapin chasseur
gruyère
flan au caramel

b) salade verte au citron
steak hâché
pommes de terre vapeur
yaourt
raisin

c) bouillon
pâtes
jambon
gruyère
pâte de coing

d) jambon
grillade
endives vapeur
petit-suisse 20 %
compote

Corrigés

Sujet 1

Question 1

1.1. *Définitions*

Aphasie : absence de parole.

Diabétique insulino-dépendant : personne présentant une augmentation du sucre dans le sang dû à un déficit en insuline.

Hémiplégie : paralysie totale ou partielle d'un hémicorps.

Fracture : rupture de la continuité d'un os.

1.2. Pas de précaution particulière, si ce n'est les règles d'hygiène générale.

1.3. *Conduite à tenir en cas de piqûre avec l'aiguille de M. Paul :*
- faire saigner
- appliquer un antiseptique
- protéger la plaie
- déclaration accident de travail dans les 48 heures
- 1er test de dépistage dans les 8 jours suivant l'accident
- 2e test à 3 mois
- 3e test à 6 mois.

Question 2

2.2. *Surveillance :*
- pas de rougeur cutanée
- pas de gonflement
- pas de douleur
- pas de reflux sanguin dans la tubulure
- pas de bulles d'air dans la tubulure
- pas de fuites
- non coudée
- écoulement régulier des gouttes
- flacon non vide
- pas de tubulure à terre.

2.3. *Facteurs de risque d'escarres :*
- poids
- alitement
- hémiplégie - diminution de mobilité.

2.4. *Stade I de l'escarre :*
- atteinte de l'épiderme
- stade inflammatoire
- érythème - rougeur
- douleur discrète
- rougeur qui ne disparaît pas après un changement de position.

2.5. *Actions AS :*
- Matelas anti-escarres (de décharge)
- alimentation hyperprotéinée
- bonne hydratation
- changement de position
- massage
- règles d'hygiène
- règles de confort
- suivi
- transmissions
- observation quotidienne.

Question 3

3.1. *Actions face au malaise de Mme C. :*
- l'asseoir (ou l'allonger dans sa chambre)
- lui donner des sucres rapides (eau + sucre, confiture, miel…)
- prévenir l'infirmière
- avancer l'heure de son dîner, donner en même temps un sucre lent.

3.2. *Principes à respecter au cours d'un régime diabétique insulino-dépendant :*
- 3 repas principaux + collations déterminées par la diététicienne
- pas d'apport de sucre rapide
- apport de sucre lent en quantité (mesurée) ou calculée
- repas à heure régulière
- ne pas sauter de repas
- pas de grignotage.

Question 4

4.1. *Précautions pour le plâtre :*
- porter une écharpe pour une bonne circulation sanguine
- ne pas souiller le jersey
- ne pas se gratter avec aide d'une aiguille à tricoter ou autre sous le plâtre
- contacter médecin :
  - si douleur du membre
  - si plâtre très cassé (ou mou)
  - si plâtre très large
- respecter hygiène sous l'aisselle.

Question 5

Actions (installation du patient sur la bassin) :
- se laver les mains à l'entrée dans la chambre
- port de blouse
- mettre des gants à usage unique car manipulation de matériel recevant des selles suspectes d'être contaminées
- mettre eau de Javel dans sanitaire
- poser le bassin
- attendre
- retirer le bassin + aide si besoin
- évacuer selles dans sanitaire individuel qui contient déjà de l'eau de Javel
- bassin nettoyé dans la chambre + désinfection eau de Javel
- retirer les gants
- retirer la blouse
- se laver les mains avant de sortir de la chambre
- transmettre :

– aspect
– quantité
– odeur.

Effectuer ce soin en prenant des précautions lors de la manipulation pour éviter la transmission de micro-organismes ou de maladies par contact direct ou indirect avec les matières fécales.

Question 6

Annotation du schéma de l'appareil digestif (p. 160).

Voir corrigé du sujet 1 de la région Basse-Normandie (p. 42).

Sujet 2

Question 1

1.1. *Définitions*
Gastrostomie : abouchement de l'estomac à la peau.
Hématémèse : vomissement de sang.
Asthénie : fatigue intense.
Escarre : nécrose de la peau due à une ischémie.
Arthrologie : étude des articulations et de leurs maladies.
Pollakiurie : miction fréquente, mais volume peu abondant.

1.2. *Définitions*
Perte de l'appétit : anorexie.
Étude de l'appareil génital féminin et de ses maladies : gynécologie.
Absence de sécrétion d'urine par les reins : anurie.
Inflammation aiguë ou chronique d'une veine : phlébite.
Coloration rouge de la peau, localisée ou généralisée : érythème.
Nécrose d'une partie du muscle cardiaque : infarctus.

Question 2

2.1. *Définitions*
Diabète insulino-dépendant : maladie chronique liée à un trouble métabolique des glucides qui se traduit par une hyperglycémie (taux trop élevé de sucre dans le sang). Le pancréas n'est plus capable de fournir de l'insuline, l'organisme n'est pas en mesure d'utiliser le sucre fourni régulièrement par le foie. Pour s'équilibrer, le sujet a besoin de l'insuline apportée extérieurement.

Amputation : opération chirurgicale consistant à enlever une partie du corps (ici, il s'agit d'une partie de la cuisse + jambe).

2.2. *Définitions*
Maison de retraite : service d'hébergement accueillant des personnes âgées valides ou conservant une autonomie suffisante.

Moyen séjour : service accueillant des personnes.

Long séjour : service d'hébergement des personnes âgées de plus de 60 ans ayant perdu en partie ou en totalité leur autonomie.

2.3. *Réponses aux besoins de Mme D.*

• Hygiène corporelle :
- lui expliquer ce qui va être fait
- toilette quotidienne minutieuse en partie au lit (toilette génitale, du siège, du pied), le reste au lavabo
  • lui mettre à portée de mains ses objets de toilette, son nécessaire pour hygiène dentaire
  • la guider, l'aider, la stimuler pour qu'elle fasse seule sa toilette du visage, bras, mains, thorax. Respecter son autonomie
- veiller à la propreté du pied droit
- veiller à l'aspect soigné de Mme D. : cheveux propres, bien coiffés, ongles de mains propres.

• Mobilité :
- surveillance des points d'appui et de la plaie du siège
- prévention d'escarres, siège, talon droit
- mettre son membre artificiel si elle le souhaite
- mettre Mme D. sur son fauteuil roulant, à deux soignants
- l'inciter à se déplacer dans sa chambre qui sera bien rangée; lui proposer de la sortir dans le couloir
- éviter de border les draps (efficacité du Cliniplot)
- signaler toute modification de la plaie
- lorsque Mme D. est au lit, mettre la potence à portée de mains pour faciliter les déplacements.

• Alimentation :
- l'installer confortablement pour la prise des repas
- lui faire découvrir avec les mains ce qu'elle a sur son plateau, mettre les objets toujours à la même place, lui couper sa viande, l'aider à manger en cas de nécessité
- à l'arrivée, vérifier le plateau : respect de l'apport en glucides
- tenir compte de l'horaire de l'injection d'insuline
- noter ce qui est absorbé
- en cas de problèmes, voir avec l'infirmière comment compenser
- lui servir à boire, mettre de l'eau à sa portée
- surveiller sa table de nuit : apports d'aliments et boissons sucrés de l'extérieur.

• Communication :
- chaque fois que l'on entre dans la chambre, se présenter
- l'écouter, la rassurer, aller la voir souvent
- favoriser les visites, lui proposer de rencontrer d'autres personnes
- la conduire en salle de télévision si besoin
- lui procurer des livres et revues écrits en braille
- mettre à sa disposition cassettes, radio, télécommande

– veiller à ce que la sonnette soit toujours au même endroit afin qu'elle puisse la trouver facilement si besoin
– répondre aux appels.

Afin d'assurer la continuité des soins chez Mme D., je ferai des transmissions écrites et orales à l'équipe soignante du matin et de l'après-midi, ainsi que sur le dossier de soins.

Les transmissions concerneront les besoins d'hygiène corporelle, mobilité, alimentation, communication. Elles porteront sur :

• les actions accomplies
• les actions qui restent à accomplir
• les observations saisies au cours des soins (ex. : état des plaies, angoisse…)
• les produits utilisés.

Question 3

Annotation du schéma de l'appareil génital masculin (p. 161).

1. vésicule séminale
2. ampoule déférentielle
3. rectum
4. canal éjaculateur
5. prostate
6. corps spongieux
7. canal déférent
8. épididyme
9. scrotum
10. testicule
11. méat urétral
12. prépuce
13. gland
14. verge
15. urètre
16. corps caverneux
17. symphyse
18. vessie
19. canal inguinal
20. uretère

Question 4

4.1. *Ration alimentaire :* ensemble des aliments devant être ingérés quotidiennement pour assurer l'entretien et la croissance de l'organisme.

4.2. *Éléments constituant la ration alimentaire :* protides - lipides - glucides - sels minéraux - vitamines - eau - aliments de lest.

4.3. *Quantité de calories nécessaire :* 2 000 à 3 000 calories par jour.

4.4. *Hygiène alimentaire :*

• alimentation équilibrée, variée
• ne pas manger pour deux
• apport en calcium
• alcool déconseillé
• pas d'absorption de médicaments sans prescription médicale.

Hygiène vestimentaire :

• vêtements amples
• éviter le port de gaine
• soutien-gorge bien adapté
• chaussures (talons hauteur moyenne).

Question 5

• *Hospitalisation libre :* le patient est consentant pour se faire hospitaliser.

• *Hospitalisation à la demande d'un tiers (HDT) :* le patient n'est pas consentant à l'hospitalisation.

Admission : 3 documents obligatoires :

– une demande manuscrite émanant d'un membre de la famille ou d'une personne supposée agir dans l'intérêt du malade (à l'exclusion du personnel soignant de l'établissement)

– un premier certificat médical établi par un médecin extérieur à l'établissement

– un deuxième certificat médical établi par un médecin pouvant éventuellement appartenir à l'établissement.

• *Hospitalisation d'office (HO) :* le patient n'est pas consentant à l'hospitalisation et ses troubles mentaux compromettent l'ordre public ou la sécurité des personnes. Admission : le préfet prononce l'hospitalisation d'office au vu d'un certificat médical attestant la nécessité de l'HO pour troubles mentaux dangereux.

Question 6

Les régimes :

a) hyperprotidique : 3

b) sans sel : 1

c) sans résidu : 4

d) hépatique : 2.

Région : Poitou-Charentes

Sujets

*Sujet 1**

Question 1 (4 pts)

Annotez le schéma.

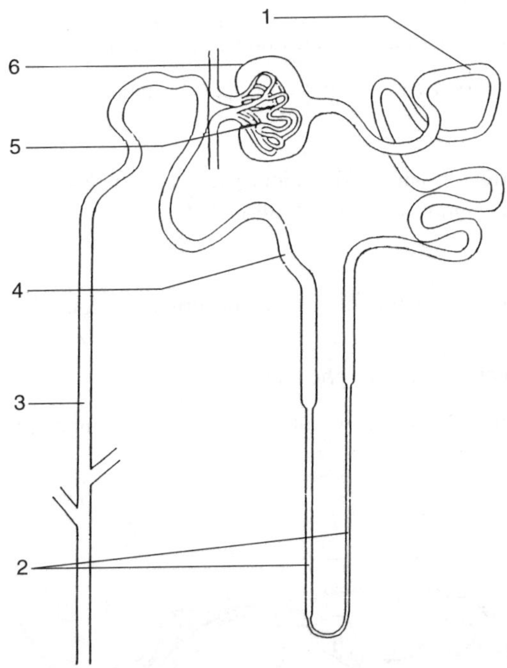

1.1. Dans quel organe trouve-t-on l'élément figurant sur ce schéma?

1.2. Expliquez en quelques lignes son fonctionnement?

* Forme et expression écrite (sur 5 pts).

Question 2 (3 pts)

2.1. Quels sont les gaz mis en jeu dans la respiration?

2.2. Les échanges gazeux respiratoires s'effectuent à deux niveaux distincts de l'organisme. Citez-les.

Expliquez le déroulement de ces échanges gazeux. (Aidez-vous, si besoin, de schémas.)

Question 3 (3 pts)

Une cantine scolaire propose pour le jeudi 9 novembre le menu suivant :

- pâté/cornichons
- saucisse/lentilles
- yaourt aromatisé.

3.1. Commentez l'équilibre nutritionnel de ce menu.

3.2. Quelles modifications peut-on y apporter pour l'améliorer.

Question 4 (2 pts)

Dans une artère le sang est-il toujours riche en oxygène?

Donnez des exemples et une définition de l'artère.

Question 5 (3 pts)

Nous posons la main sur un objet brûlant. Nous la retirons très rapidement.

5.1. Comment s'appelle ce phénomène?

5.2. Le schéma suivant représente ce phénomène. Annotez-le.

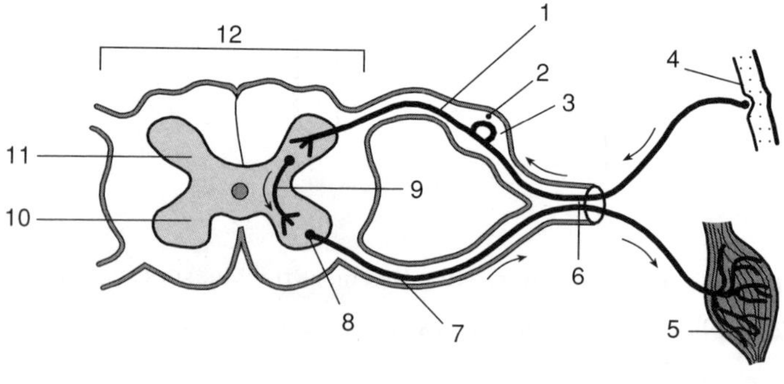

Titre :

Sujet 2

Question 1 (2 pts)

Annotez le schéma de l'appareil génital féminin.

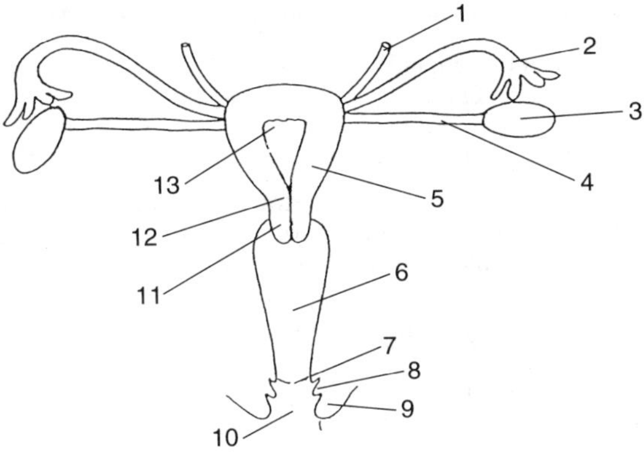

L'appareil génital féminin (coupe de face)

Question 2 (6 pts)

Vous travaillez en service de moyen séjour et l'infirmière vous confie Mme Coing, 78 ans, autonome et parfaitement lucide. Elle présente une dentition en mauvais état, une mauvaise haleine et se plaint de constipation. En vérifiant la feuille de température, vous constatez que les selles n'ont pas été notées depuis 15 jours.

En discutant avec Mme Coing, vous apprenez :

– que ses dernières selles datent de 5 jours

– qu'elle affectionne particulièrement les aliments sucrés : chocolat, bonbons…, ainsi que les féculents : pâtes, haricots blancs…

Relevez les éléments significatifs qui vous permettent de dégager votre rôle d'aide-soignant. Que mettez-vous en place face à cette situation?

Question 3 (10 pts)

Aide-soignant(e) dans le service de cardiologie, vous encadrez Béatrice, élève aide-soignante. Avec Danièle, infirmière, vous prenez en charge Mme Angèle, âgée de 38 ans, admise depuis 48 heures dans le service de cardiologie pour thrombose veineuse profonde du membre inférieur gauche.

Mme Angèle est mariée, mère de 4 enfants et vendeuse aux Galeries Lafayette.

Ce matin, Mme Angèle est perfusée au bras gauche pour l'administration d'un traitement anticoagulant. Sa température est de 37,4° et ses pulsations à 120/min. Un repos strict au lit est à observer.

3.1. Quelles précautions allez-vous prendre lors de la toilette de Mme Angèle et sur quels points porteront vos observations?

3.2. Après sa dernière grossesse, Mme Angèle a souhaité une contraception par un dispositif intra-utérin. Béatrice vous demande des informations concernant les différents procédés de contraception. Que lui répondez-vous?

3.3. Mme Angèle vous demande quels seront les frais liés à son hospitalisation. Argumentez votre réponse.

Question 4 (4 pts)

M. Fernand, 76 ans, commerçant retraité a subi une colostomie gauche il y a une douzaine de jours. Il est parfaitement autonome et se prépare à regagner le foyer logement qu'il occupe avec sa femme à 40 km de là.

Sa colostomie est bien cicatrisée et il a besoin d'être sécurisé au moment des soins qu'il commence à réaliser seul. Il lui est également difficile de composer ses menus car ses selles ne sont pas régularisées ; le choix des aliments pour demain est celui-ci :

- entrée :
  - poireau vinaigrette ou
  - artichaut ou
  - salade de riz-tomates
- plat de résistance :
  - côtelette de veau - bettes ou
  - gigot - haricots blancs ou
  - darne de saumon - riz
- dessert :
  - orange ou
  - petits suisses ou
  - glace individuelle.

Développez et argumentez votre rôle aide-soignant concernant :
- le soin de la colostomie
- le choix du menu de M. Fernand.

Question 5 (3 pts)

Mme Huguet, 82 ans, est hospitalisée en médecine pour anorexie et asthénie sévères. Après 48 heures de présence dans le service son état général s'aggrave : toux importante et hyperthermie à 39°. Le médecin diagnostique une bronchite d'origine bactérienne : infection qui sévit dans le service depuis plus d'une semaine.

5.1. En considérant le cas de cette malade, peut-on parler d'infection nosocomiale?

Argumentez votre réponse.

Définissez : « infection nosocomiale ».

5.2. Citez et développez 5 mesures pouvant être prises individuellement par les soignants pour éviter les infections nosocomiales.

Question 6 (5 pts)

Lors de l'entretien quotidien des locaux, vous utilisez de l'eau de Javel, une crème à récurer, et un produit désinfectant détergent (Gercid 90).

Quelles sont les propriétés et les modes d'utilisation de chacun de ces produits?

Corrigés

Sujet 1

Question 1

Annotation du schéma.

1. tube contourné proximal
2. anse 1 de Henlé
3. tube collecteur
4. tube contourné distal
5. peloton vasculaire
6. capsule de Bowman

1.1. Le rein. Il s'agit du néphron.

1.2. *Fonctionnement :*

• Filtration du sang au niveau du glomérule

• Réabsorption d'une partie du glucose, de l'eau et des sels minéraux au niveau des tubes urinifères.

Question 2

2.1. *Gaz mis en jeu dans la respiration :* l'oxygène ou dioxygène. Gaz carbonique ou dioxyde de carbone.

2.2. *Les échanges gazeux respiratoires :* au niveau de l'alvéole pulmonaire, le sang se charge en O_2 et se libère du CO_2.

Au niveau des organes et plus précisément au niveau des capillaires le sang fournit de l'oxygène aux cellules et les débarrasse du gaz carbonique.

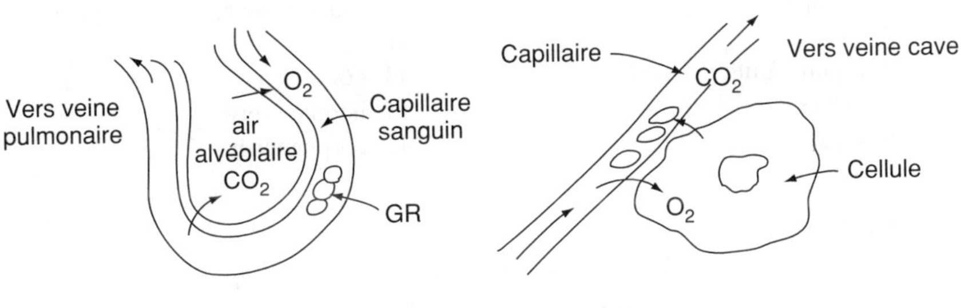

Sang en provenance des artères

Question 3

3.1. *Équilibre nutritionnel du menu :*
- Pâté, saucisses apportent protides et lipides.
- Lentilles apportent glucides.
- Yaourt riche en calcium et protéines.

Ce menu manque de crudités qui apportent la vitamine C indispensable à l'organisme.

3.2. On peut l'améliorer en mettant crudités en plus ou en remplacement pâté, ou un fruit frais.

Question 4

Dans une artère, le sang n'est pas toujours riche en O_2. Exemple : l'artère pulmonaire contient ou véhicule du sang pauvre en O_2.

Définition : une artère est un vaisseau sanguin qui véhicule le sang du cœur vers les organes.

Question 5

5.1. Lorsque nous retirons la main posée sur un objet brûlant, c'est un réflexe.

5.2. *Annotation du schéma. Titre :* L'arc réflexe.

1. racine postérieure (sensitive)
2. neurone sensitif
3. ganglion spinal
4. récepteurs sensoriels supérieurs
5. plaque motrice (muscle)
6. nerf rachidien
7. racine antérieure (motrice)
8. neurone moteur
9. neurone d'association
10. substance grise
11. substance blanche
12. moelle épinière

Sujet 2

Question 1

Annotation du schéma de l'appareil génital féminin (p. 171).

1. ligament rond
2. trompe
3. ovaire
4. ligament utéro-ovarien
5. utérus
6. vagin
7. hymen
8. petites lèvres
9. grandes lèvres
10. vulve
11. col utérin
12. isthme utérin
13. corps utérin

Question 2

Attitude à adopter devant la méconnaissance de la constipation :
- se renseigner auprès de l'équipe soignante
- rechercher sur le dossier de soins

• après vérification noter les selles manquantes sur la feuille de température
• attirer l'attention de l'IDE sur ce qui peut être envisagé : *cf.* conseils hygiéno-diététiques
• prendre conscience en équipe : de l'importance des transmissions, du moment opportun, de l'utilisation correcte des outils par chacun des membres.

Conseils hygiéno-diététiques :
• pour la constipation :
– limiter au maximum les aliments qu'elle affectionne
– ne pas grignoter entre les repas
– préférer une alimentation à base de fibres : légumes verts, fruits cuits et même crus
– boire de 1 l à 1,5 l/24 heures
– se mobiliser autant qu'elle peut : marche, promenades…
– inciter Mme Coing à se présenter à la selle à heures régulières
• pour l'état de ses dents :
– renforcer l'idée qu'elle doit réduire sa consommation de bonbons et chocolat car le sucre favorise la plaque dentaire
– brossage des dents après chaque repas
– transmettre le mauvais état dentaire → consultation dentiste.

Actions à entreprendre :
• s'inquiéter de sa compréhension
• la diriger dans le choix des menus, et les jours suivants contrôler les mets choisis par Mme Coing pour apprécier le changement de comportement
• transmettre à l'équipe les actions entreprises en vue de la continuité.

Question 3

3.1. *Précautions lors de la toilette :* expliquer à Mme Angèle que compte tenu de sa pathologie, elle doit éviter toute mobilisation de la jambe gauche. Elle devra rester au lit pour ses repas et être assistée pour sa toilette (lever interdit).

Toilette au lit :
• Installation de Mme Angèle : la malade est perfusée au bras gauche donc installation de l'adaptable à droite avec le nécessaire de toilette
– installer Mme Angèle en position demi-assise, calée dans le dos à l'aide d'oreillers et du lit articulé
– aider Mme Angèle à retirer sa chemise de nuit en passant la perfusion par la manche
– l'encourager à faire sa toilette du visage, du torse, du bras, des mains, également sa toilette intime
– dès qu'elle aura terminé, lui faire la toilette du dos et lui remettre sa chemise propre
– assurer un changement d'eau
– laver les jambes en mobilisant la jambe gauche avec prudence.

- Le dos et le siège :
  - installer la patiente en position latérale gauche
  - effectuer des massages de confort, particulièrement avec précaution au niveau du talon gauche.
- Procéder ensuite à la réfection du lit côté droit puis côté gauche : réinstaller la malade en position demi-assise, jambes surélevées. Installer un arceau.

Les éléments d'observation porteront sur :

- La malade :
  - faciès
  - respiration
  - agitation, angoisse
  - douleur à type de point de côté
  - épistaxis ou gingivorragie.
- La perfusion :
  - position du bras gauche qui doit permettre l'écoulement régulier (échelle horaire respectée)
  - tubulure, non coudée, ne présentant aucune trace de sang
  - vérifier l'intégrité du pansement occlusif, la bonne connection des raccords
  - observer l'apparition au point de ponction ou sur le trajet veineux de rougeur, chaleur, douleur et œdème.
- La jambe gauche :
  - s'assurer que Mme Angèle ne mobilise pas sa jambe
  - ne pas procéder à des massages préventifs d'escarres de la jambe gauche
  - observer les modifications cliniques (œdème, chaleur, rougeur).

Toutes ces informations seront transmises à l'infirmière et notées dans le dossier de soins.

3.2. *Différents procédés de contraception :* la contraception est une méthode permettant une infécondité temporaire et réversible :

- Naturelle : basée sur les périodes d'infécondité :
  - Ogino : basée sur la probabilité de la date d'ovulation, contrôle par la prise de la température qui s'élève après l'ovulation
  - coït interrompu.
- Chimique :
  - voie locale : spermicide dans le vagin, telles que ovules, tampon, crème à mettre avant le rapport sexuel
  - voie générale : apport hormonal
  - prise unique et quotidienne d'œstrogène et de progestatif en un seul comprimé.

    Ce traitement est contre-indiqué pour Mme Angèle compte tenu de ses troubles vasculaires.

• Mécanique :
  – préservatif
  – diaphragme
  – dispositif intra-utérin : dispositif métallique mis en place dans l'utérus → réaction inflammatoire qui empêche la nidation. Ce procédé est proposé à des femmes ayant déjà eu au moins une grossesse.

• Apport hormonal : prise unique, quotidienne et à la même heure d'œstrogènes et de progestatif pendant 21 jours. Le premier jour de la prise correspond au premier jour des règles.
Ce traitement est contre-indiqué pour Mme Angèle compte tenu de ses troubles vasculaires.

3.3. *Frais liés à l'hospitalisation :* la base de calcul est le prix de journée par service déterminé par l'établissement.

Les frais d'hospitalisation seront pris en charge pour 80 % par l'assurance maladie, les 20 % restant sont à la charge de Mme Angèle ou de sa mutuelle.

Le forfait hospitalier, institué par la loi du 19 janvier 1983, qui correspond aux frais hôteliers, s'élève à 55 F par jour depuis le 1er août 1993. Certaines mutuelles participent à la prise en charge de ce forfait.

Question 4

4.1. *Le soin de la colostomie :* il est nécessaire de repréciser au patient :

• Le déroulement du soin : il dépend du type de poche utilisé et du protocole du service. M. Fernand peut être appareillé avec une poche vidable ou non. Dans les deux cas, le soin n'est exécuté qu'en cas de nécessité, c'est-à-dire la présence de selles.
Le déroulement du soin est toujours le même :
  – détacher la poche et la vider aux toilettes
  – la rincer avec de l'eau contenant du dakin pour supprimer les odeurs
  – nettoyer délicatement la stomie avec de l'eau tiède, du savon de Marseille et un gant de toilette
  – assécher parfaitement au besoin avec un sèche-cheveux en respectant certaines précautions
  – vérifier l'intégrité de la peau
  – contrôler la présence d'un filtre anti-odeur à la partie supérieure de la poche.

• Les précautions à observer :
  – ne pas irriter la peau autour de la stomie par des frottements intempestifs
  – bien positionner la poche verticalement car M. Fernand se déplace normalement
  – éviter les brûlures au moment du séchage, la stomie étant insensible
  – ne pas heurter la pudeur de M. Fernand qui commence à être autonome. Le rassurer et l'encourager à réaliser le soin lui-même.

4.2. *Le choix du menu pour la colostomie :* M. Fernand doit :

• prendre quelques précautions diététiques afin d'obtenir des selles moulées, régulières : journalières ou moins fréquentes

• s'abstenir de tout aliment pouvant provoquer une fermentation ou des odeurs désagréables.

En conséquence :

• L'entrée la plus favorable serait la salade de riz + tomates car elle comporte une crudité et un aliment «constipant». Les poireaux sont trop laxatifs et l'artichaut est malodorant.

• La côtelette de veau accompagnée de bettes ne devrait pas poser de problème. Les haricots blancs provoquent des gaz, la darne de saumon serait parfaite mais sans le riz créole déjà présent dans l'entrée.

• La glace et l'orange sont contre-indiquées car elles accélèrent le transit. Les petits suisses apporteront la portion de laitage souhaitable dans un menu.

Question 5

5.1. On peut parler d'infection nosocomiale car :

• l'infection est présente dans le service depuis plus d'une semaine

• l'infection a été contractée après 48 heures d'hospitalisation.

Définition : infection à l'hôpital chez un malade qui a été admis pour une autre raison que cette infection.

5.2. *Mesures individuelles pour éviter l'infection nosocomiale :*

• Hygiène corporelle : être propre soi-même.

• Tenue professionnelle :

– blouse : propre, manches courtes, sans poche (sinon limiter le matériel dans la poche). Pas de vêtements personnels dépassant de la blouse. Surblouse indiquée pour nettoyer bassins et locaux

– chaussures : à usage hospitalier, protégées pour les services spécifiques (bloc opératoire, soins intensifs)

– coiffure : cheveux attachés et propres. Efficacité du bonnet (doit parfaitement recouvrir les cheveux), barbe courte et entretenue

– masque super-filtrant : bien utilisé. Doit couvrir nez et bouche, liens correctement attachés. Durée d'efficacité : 2 h 30 - 3 heures en particulier s'il est humide à cause d'un rhume

– mains : propres, sans bagues, ongles courts, sans vernis. Lavage des mains adéquat avec la technique appropriée en respectant les règles d'hygiène

– respect des protocoles définis dans le service.

Question 6

Entretien des locaux :

• Eau de Javel : produit désinfectant, bactéricide, virulicide, sporicide, fongicide :

– l'utiliser dans les trois mois qui suivent la fabrication

– un berlingot à 48° chloré, dilué dans 3/4 l d'eau froide donne une solution à 12° chloré

– s'utilise pour les sanitaires à raison de un verre pour 10 litres d'eau froide, sur les surfaces propres, nettoyées avec un détergent et rincées au préalable
– laisser en contact 10 à 15 min avant de rincer abondamment
– vérifier la date de péremption du produit
– stocker à l'abri de la lumière et de la chaleur
– ne jamais mélanger l'eau de Javel à un autre produit.

• Crème à récurer : utilisée pour nettoyer et dégraisser les sanitaires (WC, lavabo), à raison de quelques gouttes sur un chiffon humide. Bien rincer le produit avant d'utiliser un produit désinfectant (eau de Javel ou lysospray).

• Détergent désinfectant type *Gercid 90* : mêmes propriétés que l'eau de Javel, mais en plus, détergent. S'utilise pour l'entretien des sols à raison d'une dose pour 8 litres d'eau tiède (en alternance avec un détergent pour éviter l'encrassement des sols) :
– ne jamais rincer
– ne pas essuyer
– ne jamais mélanger à un autre produit.

Région : Rhône-Alpes

Sujet*

Mme X., 78 ans, valide, diabétique connue du service, est entrée il y a 3 jours à l'hôpital pour un taux de glycémie à jeun élevé.

Elle ne respecte pas son régime car accepte mal sa maladie et les contraintes du traitement.

Elle a un traitement :

- médication orale anti-diabétique
- un régime diabétique et hypocalorique.

Question 1 (5 pts)

1.1. Parmi les complications du diabète, citez-en trois.

1.2. Définir les termes suivants : glycémie et indiquez le taux normal à jeun - acétonurie - glycosurie - insuline.

Question 2 (6 pts)

Pour préparer le retour à domicile : dans le cadre de votre participation à la démarche éducative, développer les mesures hygiéno-diététiques que Mme X. devrait observer pour éviter ou prévenir les complications du diabète.

Question 3 (6 pts)

Suite à une chute par maladresse lors d'un déplacement dans sa chambre, Mme Y. se fait une entorse de la cheville droite.

L'interne des urgences lui confectionne une botte plâtrée (en plâtre traditionnel) à garder trois semaines. A son retour dans le service, comment l'installez-vous au lit avec son plâtre frais? Justifier votre réponse.

Question 4 (1,5 pts)

Quels types d'hospitalisation connaissez-vous en psychiatrie? Citez-les.

Question 5 (6 pts)

La voisine de chambre, Mme Z., 70 ans, veuve, sans enfant, isolée socialement, est arrivée au terme de sa vie : développez les différents besoins de cette personne.

---

* Présentation du travail et expression écrite (sur 2 pts).

Question 6 (3,5 pts)

Mlle A., âgée de 19 ans, vous confie qu'elle est enceinte de 5 semaines. Elle ne souhaite pas mener sa grossesse à terme.

6.1. Quel est le délai légal à respecter pour pratiquer une Interruption Volontaire de Grossesse (IVG)?

6.2. Expliquez les démarches que Mlle A. devra entreprendre pour faire pratiquer une IVG?

Corrigé

Question 1

1.1. *Complications du diabète :*
• infection
• troubles circulatoires (artérite, gangrène)
• troubles de la vue (jusqu'à cécité)
• troubles rénaux (insuffisance rénale)
• coma ou malaise hypoglycémique
• coma acido-cétosique.

1.2. *Définitions*

Glycémie : taux de glucose (ou de sucre) dans le sang. A jeun, taux normal 0,80 g à 1 g/litre de sang.

Acétonurie : présence d'acétone dans les urines.

Glycosurie : présence anormale de sucre dans les urines.

Insuline : hormone sécrétée par le pancréas qui a une action hypoglycémiante (ou qui facilite la pénétration du glucose dans les cellules).

Question 2

Mesures hygiéno-diététiques que Mme X. devrait observer pour éviter ou prévenir les complications du diabète :

• hygiène corporelle :
  – propreté de la peau (douche)
  – soins des pieds
  – soins des mains (attention plaie)
  – hygiène dentaire
• hygiène générale :
  – éviter de fumer (artérite)
  – avoir une activité physique régulière et modérée
  – porter sur soi sa carte de diabétique + visite régulière chez le médecin

- hygiène alimentaire :
  - régime hypoglucidique
  - régime hypocalorique.

Question 3

Installation du patient au lit avec le plâtre frais :

- protéger le lit contre l'humidité
- manipuler avec précaution (paume de la main) pour éviter les déformations
- enlever les débris de plâtre (risques d'escarres)
- mettre un arceau (éviter le poids des couvertures) et permettre au plâtre de sécher
- laisser le plâtre à l'air (il sèche en 24 heures)
- surélever le membre (pour éviter l'œdème) selon prescription
- caler avec des sacs de sable (pour éviter les positions vicieuses)
- réchauffer le malade (car l'évaporation est source de refroidissement).

Question 4

Types d'hospitalisation en psychiatrie :

- hospitalisation sur demande d'un tiers (HDT) (sans consentement)
- hospitalisation d'office (HO) (sans consentement)
- hospitalisation libre (volontaire).

Question 5

Les besoins d'une personne en fin de vie :

- besoins physiques :
  - hygiène, confort
  - alimentation
  - hydratation
  - respiration
  - repos
  - élimination
  - éviter les douleurs
- besoins de sécurité :
  - confiance
  - compétence
- besoins affectifs et appartenance :
  - être écouté
  - être entouré
  - être aimé
  - être reconnu dans son intégrité
- besoins d'estime de soi et des autres :
  - considération
  - dignité

• besoins spirituels :
  – sens de la vie
  – sens à sa mort
  – dernière crise de maturité.

Question 6

6.1. *Délai légal à respecter pour une IVG :*
• se pratique avant la fin de la 10e semaine de grossesse
• soit 12 semaines après le début des dernières règles.

6.2. *Démarches que Mlle A. devra entreprendre pour faire pratiquer une IVG :*
• consulter un médecin qui :
  – diagnostique la grossesse
  – l'informe sur les démarches à suivre pour pratiquer une IVG
  – lui explique le principe
  – lui remet un dossier guide
• puis délai obligatoire de réflexion pendant une semaine. Délai pendant lequel elle doit avoir un entretien social (le but est qu'elle s'exprime librement avec une personne qui l'écoutera et l'aidera dans ses démarches)
• une attestation de cet entretien lui sera remise
• deuxième consultation médicale : si elle persiste dans sa décision elle la confirmera par écrit au médecin
• le médecin lui remettra un certificat destiné au centre qui pratiquera l'IVG.

(Le plus souvent cette deuxième consultation a lieu dans le centre où se pratique l'IVG.)

Le rendez-vous sera alors pris pour l'intervention.

Index

C

D

E

P

Q

R

S

T

U

V

2e tirage

MASSON Éditeur
120, boulevard Saint-Germain
75280 Paris Cedex 06
Dépôt légal : mai 1997

SNEL S.A.
rue Saint-Vincent 12 - B-4020 Liège
tél. 32(0)4 343 76 91 - fax 32(0)4 343 77 50
avril 1997